l'essentiel
de la
cuisine guadeloupéenne
économique, facile, équilibrée

ORPHIE

l'essentiel
de la
cuisine guadeloupéenne

Antilles, Caraïbes, Guadeloupe : magie du lieu, du nom, magie des odeurs, des saveurs et des couleurs flamboyantes !

Retrouvez toute la joie de vivre à travers la cuisine guadeloupéenne.

Quoi de plus envoûtant qu'un repas créole servi par les femmes en costume de madras, au rythme d'une biguine ?

Caractérisée par ses qualités diététiques, les saveurs des épices et aromates qui règnent en maître, cette cuisine métisse, riche de ses apports amérindiens, européens, indiens et africains, est simple à réaliser et de surcroît économique.

Si l'utilisation de produits frais est préférable, ce n'est pas, suivant les saisons, toujours possible. Vous trouverez, aussi bien aux Antilles qu'en métropole, l'équivalent en produits surgelés. Ils s'adapteront parfaitement à vos recettes.

Préparer tous vos ingrédients avant la cuisson vous permettra de mieux la surveiller.

Les marinades, à base de nombreux plats, renforcent leur saveur mais rallongent le temps de réalisation du repas. Tenez en compte.

Bienvenue dans le monde de la cuisine guadeloupéenne !

ÉQUIVALENCE DES POIDS ET MESURES

1 verre ordinaire	2 à 2,5 dl
1 verre à moutarde	1,5 dl
6 cuillères à soupe	1 dl
1 verre à vin	1 dl à 1,5 dl
1 verre à liqueur de	2,5 à 3 cl
1 dl = 10 cl	
1 litre = 100 cl ou 10 dl	

1 grand bol — 1/2 l de liquide.
425 g de sucre semoule,
300 g de farine,
470 g de riz, 450 g de légumes secs

1 assiette creuse — 1/4 l de liquide

1 tasse à café — 10 cl
1 pot de yaourt — 15 cl

Cuillerées arasées à café (0,5 cl) à soupe (1,5 cl)

sucre semoule	6 g	18 g
farine	4 g	12 g
riz	5 g	20 g
fécule, maïzena	3 g	10 g
gruyère râpé	3 g	10 g
sel	5 g	15 g
beurre, margarine	7 g	20 g
huile	5 g	15 g

Cuisson au four Thermostat Température

Four tiède	1	30 °C
Four doux	2	60 °C
Four modéré	3	90 °C
	4	120 °C
	5	150 °C
Four chaud	6	180 °C
Four très chaud	7	210 °C
	8	240 °C
	9	270 °C
Four brûlant	10 (grill)	280 - 300 °C

Thym

Bananes Poyo

Ananas

Persil

Poudre bois d'Inde

Graines à griller

Poudre de colombo

Ignames

c. à c. = cuillère à café
c. à s. = cuillère à soupe

Produits courants utilisés dans la cuisine guadeloupéenne

Feuilles de Bois d'Inde

Graines de bois d'Inde

Tomates

Christophine

Noix de coco

Gingembre

Poisson

Cives (oignon pays)

Gombo

Oignon France

Giraumon

Maracudja

Patates douces

Citrons verts

Piments forts

Piments végétariens

Morue séchée

Bouquet garni

Mangues vertes

Mangues mûres

Abricots pays

Un marché de Pointe-à-Pitre

Fruits à pain

Avocats

Caïmites

Goyaves

Mangues

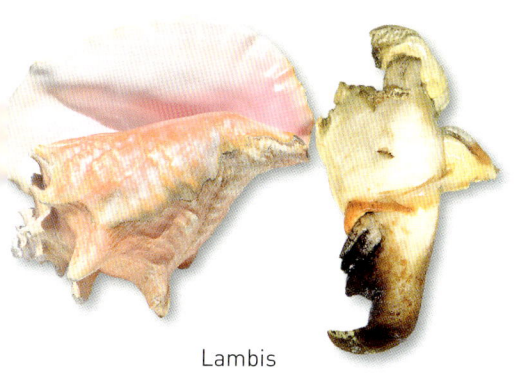

Lambis

Crabe de terre

Fruit à pain

Étal de poissons

Langoustes

Sucre de canne
en poudre

Ananas

Punchs au marché

Graines à roussir

Cannelle et noix de muscade

Marché de Basse-Terre

Piments z'oiseau

Petit étal de légumes

Chapeaux typiques

Étal coloré au marché

Vente de poissons sur les quais

Variétés de bananes

Christophines

Produits et scènes courants à la Guadeloupe

Fruits et légumes

Poupées guadeloupéennes

Petit étal forain

Citrons verts

Écrevisse d'élevage

Poissons séchés

Épices au marché

Roses de porcelaine

Langoustes

ACRAS
MORUE

DESSALAGE	PRÉPARATION	CUISSON	COÛT MOYEN / PORTION
12 h	20 min	40 min	0,90 €

Pour 4 personnes

VOS INGRÉDIENTS

- *150 g de morue salée*
- *200 g de farine*
- *1 oignon France*
- *5 cives (oignon pays)*
- *2 gousses d'ail*

- *1 branche de thym*
- *1 branche de persil*
- *1/2 c. à c. de bicarbonate*
- *1 œuf*

- *1 verre d'eau ou de lait*
- *1 l d'huile friture*
- *1/2 piment haché fin*
- *sel, poivre*

1. Faire dessaler la morue 12 h dans de l'eau froide.

2. La faire cuire 30 min dans de l'eau bouillante ; en enlever la peau et les arêtes puis l'émietter.

3. Hacher finement les oignons pays et oignons France épluchés, le persil, le thym et les gousses d'ail épluchées.

4. Incorporer la farine dans un grand bol ; mélanger au fouet en y incorporant petit à petit l'eau ou le lait, poivrer. Vous devez obtenir une pâte homogène. Laisser reposer 30 min.

5. Juste avant la cuisson, incorporer les ingrédients hachés ainsi que la morue, la pincée de bicarbonate de soude, le piment haché fin et le jaune d'œuf. Bien mélanger.

6. Amener l'huile à température (elle ne doit pas fumer). Y verser, à l'aide d'une cuillère à soupe, un peu de pâte. Laisser dorer les acras en les retournant, les retirer de l'huile et les égoutter sur du papier absorbant. Servir chaud.

NOTRE CONSEIL

En substituant à la morue, des légumes crus finement hachés (christophine, giraumon, carottes...), vous obtiendrez de délicieux acras légumes.

Acras morue

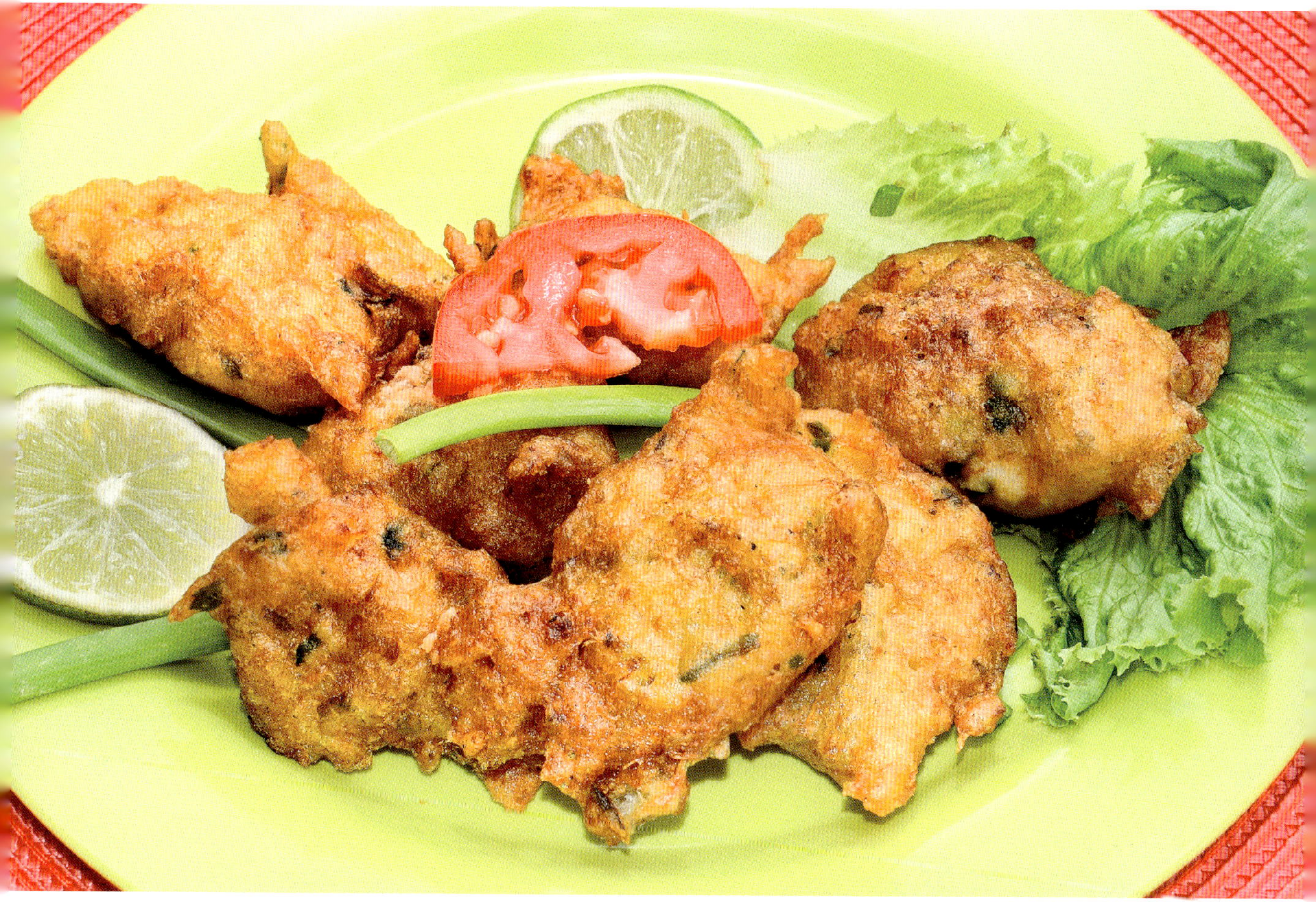

Distillerie Bologne

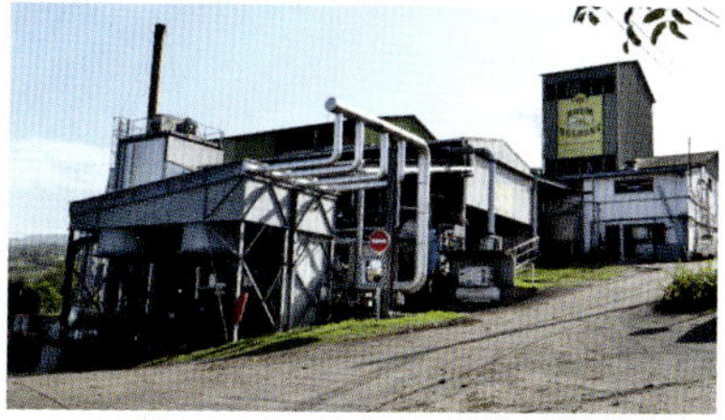

Fresque

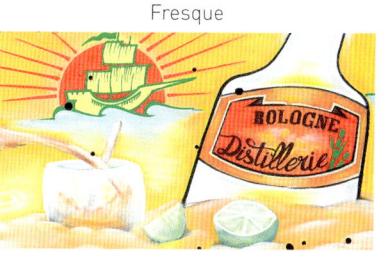

Papillon

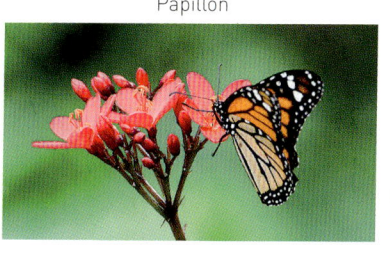

SOUSKAÏ
de mangue verte

Pour 4 personnes

VOS INGRÉDIENTS

- 4 mangues vertes
- 2 citrons verts
- 2 oignons pays
- 1 tomate

- 1 gousse d'ail
- 1 c. à s. d'huile
- 1 petit piment frais
- sel, poivre

1. Éplucher les mangues vertes.
2. Couper la chair en petits quartiers.
3. Hacher finement les oignons pays, l'ail, le persil, la tomate et le petit piment frais.
4. Presser les deux citrons verts.
5. Disposer les ingrédients hachés et les quartiers de mangue dans un bol.
6. Arroser du jus des citrons, et d'une c. à s. d'huile.
7. Saler, poivrer, mélanger.
8. Laisser mariner 1 h au frais.

NOTRE CONSEIL

N'utiliser, pour cette recette, que des mangues bien fermes.

ENTRÉES

Souskaï de mangue verte

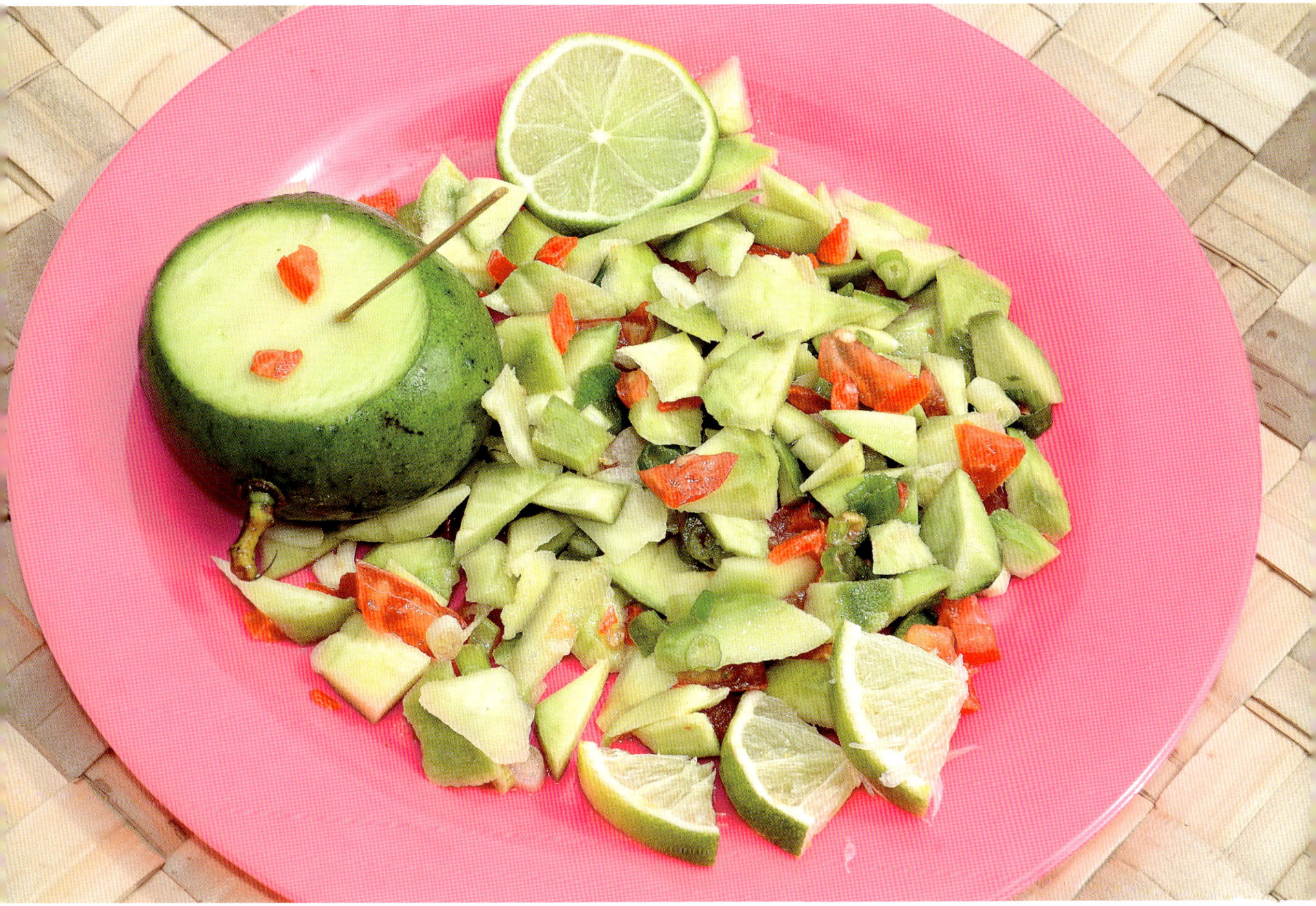

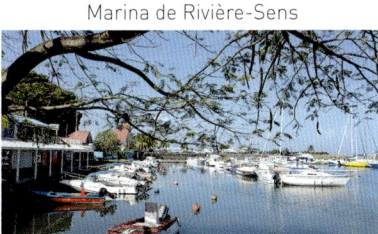

Marina de Rivière-Sens

Fleurs de flamboyant

Basse-Terre

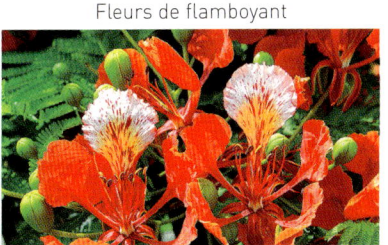

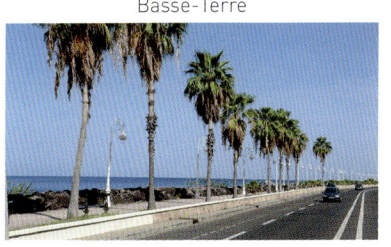

SALADE
DE GOMBOS

PRÉPARATION	CUISSON	COÛT MOYEN / PERSONNE
15 min	10 min	0,80 €

Pour 4 personnes

VOS INGRÉDIENTS

- *500 g de gombos*
- *1 piment*
- *2 gousses d'ail*
- *1 citron vert*
- *2 c. à s. d'huile*
- *sel, poivre*
- *1 c. à c. de bicarbonate de soude*
- *1 morceau de poivron rouge (pour la décoration)*

1. Laver les gombos.

2. Couper le pédoncule et la queue des gombos.

3. Remplir une casserole d'eau, ajouter 1 c. à c. de sel ; amener à ébullition.

4. Plonger les gombos dans l'eau bouillante avec 1 c. à c. de bicarbonate de soude.

5. Laisser cuire 5 min.

6. Verser les gombos dans une passoire ; les rincer à l'eau froide.

7. Préparer une vinaigrette en mélangeant 2 c. à s. d'huile, le jus d'un petit citron vert, 2 gousses d'ail écrasées avec le piment, une pincée de sel et de poivre.

8. Servir les gombos arrosés de vinaigrette et décorés de petits morceaux de poivron rouge.

Le bicarbonate de soude permet aux légumes de conserver leur couleur.
Il accélère également la cuisson.

Salade de gombos

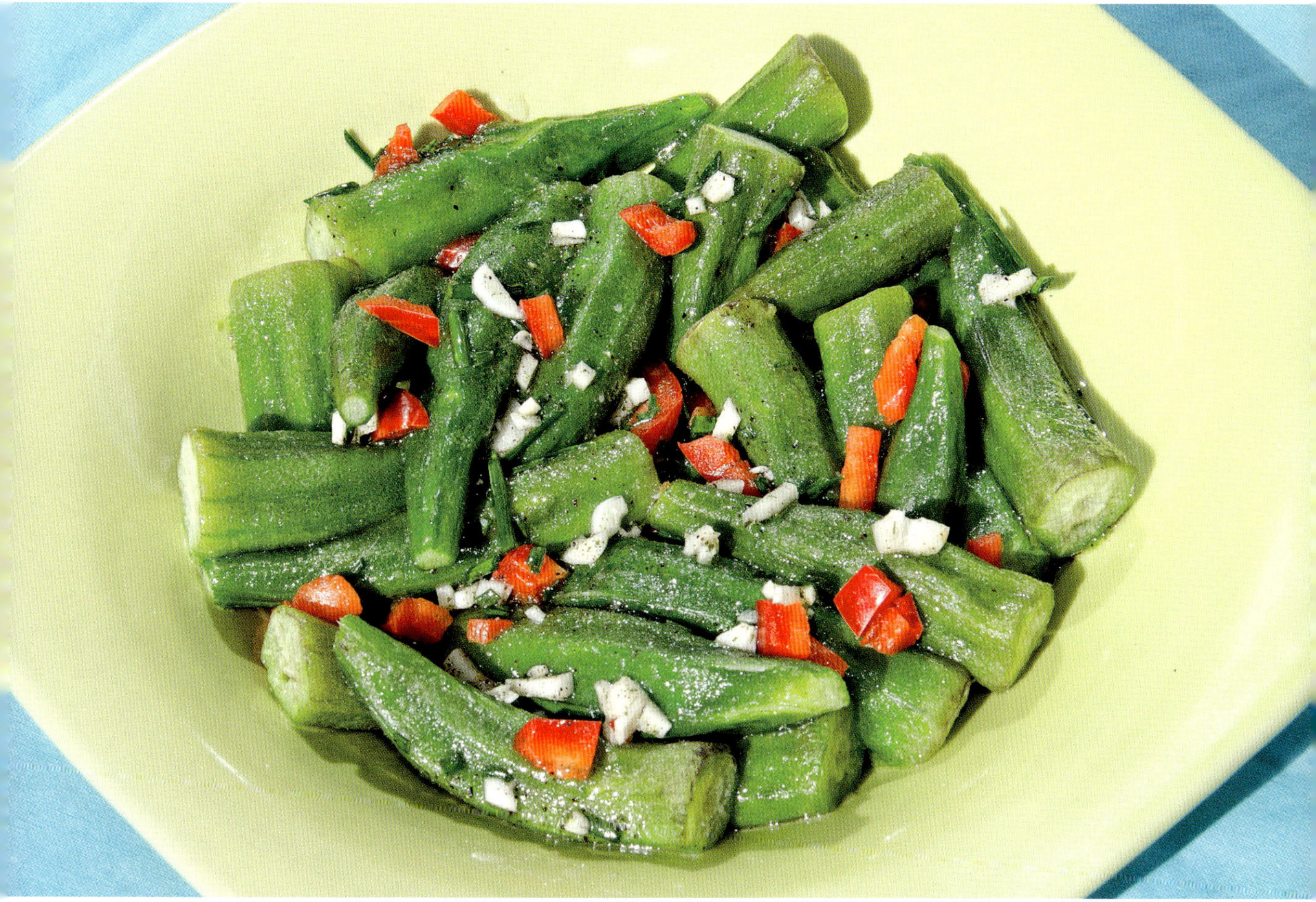

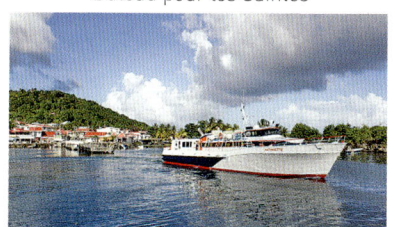

Bateau pour les Saintes

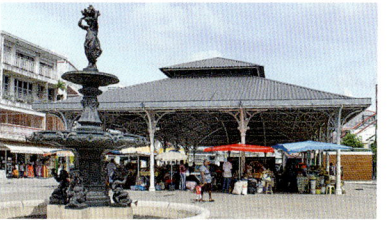

Pointe-à-Pitre

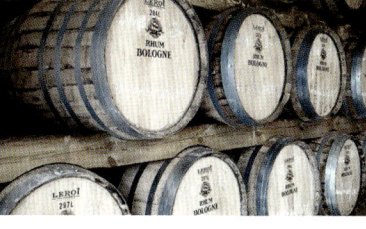

Chai Bologne

MACADAM DE MORUE

DESSALAGE	PRÉPARATION	CUISSON	COÛT MOYEN / PORTION
12 h	20 min	40 min	1,80 €

Pour 4 personnes

VOS INGRÉDIENTS

- 500 g de morue
- 2 grosses tomates
- 1 oignon France
- 3 gousses d'ail
- 1 bouquet garni
- 1 feuille de bois d'Inde
- 1 pincée de poudre de bois d'Inde
- 1 piment
- 3 c. à s. d'huile
- 1 c. à s. de farine
- poivre

1. Faire dessaler la morue durant une nuit.

2. Plonger la morue 20 min dans de l'eau bouillante.

3. En enlever la peau et les arêtes, l'émietter.

4. Émincer l'oignon, peler les tomates, les concasser.

5. Mettre à chauffer l'huile dans une poêle ; y faire revenir les oignons et les tomates, ajouter le bouquet garni, la poudre et la feuille de bois d'Inde, le piment ; laisser cuire 2 min.

6. Mouiller la préparation d'un petit bol d'eau chaude, ajouter l'ail écrasé et la morue.

7. Faire cuire à feu doux 15 min.

8. Incorporer la cuillère à soupe de farine, bien mélanger à feu doux. Poivrer.

NOTRE CONSEIL

Agrémenter le macadam, au moment du service, du jus d'un citron vert mélangé à un peu d'huile et à une gousse d'ail râpée. Se sert accompagné d'un riz en pâte.

Macadam de morue

Pointe des Châteaux

Le Golf de Saint-Francois

Showroom Bologne

19

FÉROCE D'AVOCAT

DESSALAGE	PRÉPARATION	CUISSON	COÛT MOYEN / PORTION
12 h	15 min	10 min	1,20 €

ENTRÉES

Pour 6 personnes

VOS INGRÉDIENTS

- *2 avocats mûrs*
- *200 g de morue salée*
- *1 gousse d'ail*
- *2 cives (oignon pays)*
- *1 oignon France*
- *100 g de farine de manioc*
- *1 pincée de poudre de bois d'Inde*
- *1 citron vert*
- *2 c. à s. d'huile*
- *poivre*
- *1 ou plusieurs piments*

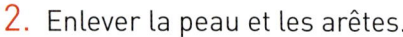

1. Mettre à dessaler la morue 12 h dans un gros volume d'eau froide (changer l'eau 2 ou 3 fois).

2. Enlever la peau et les arêtes.

3. Faire légèrement frire la morue à la poêle avec un peu d'huile.

4. Couper les avocats en deux dans le sens de la longueur, enlever les noyaux, puis la pulpe à l'aide d'une cuillère (veiller à ne pas abîmer la peau). Réserver la pulpe.

5. Éplucher les oignons et l'ail ; les hacher finement.

6. Dans un bol, réduire la chair des avocats en purée ; y incorporer les épices hachées, une pointe de piment (facultatif), le jus du citron, la farine de manioc et une pincée de bois d'Inde. Poivrer.

7. Incorporer la morue émiettée, mélanger le tout et garnir les demi-avocats de cette mixture.

NOTRE CONSEIL

Servir arrosé du jus d'un citron vert.
Plus de piments rendra ce plat « féroce » !

Féroce d'avocat

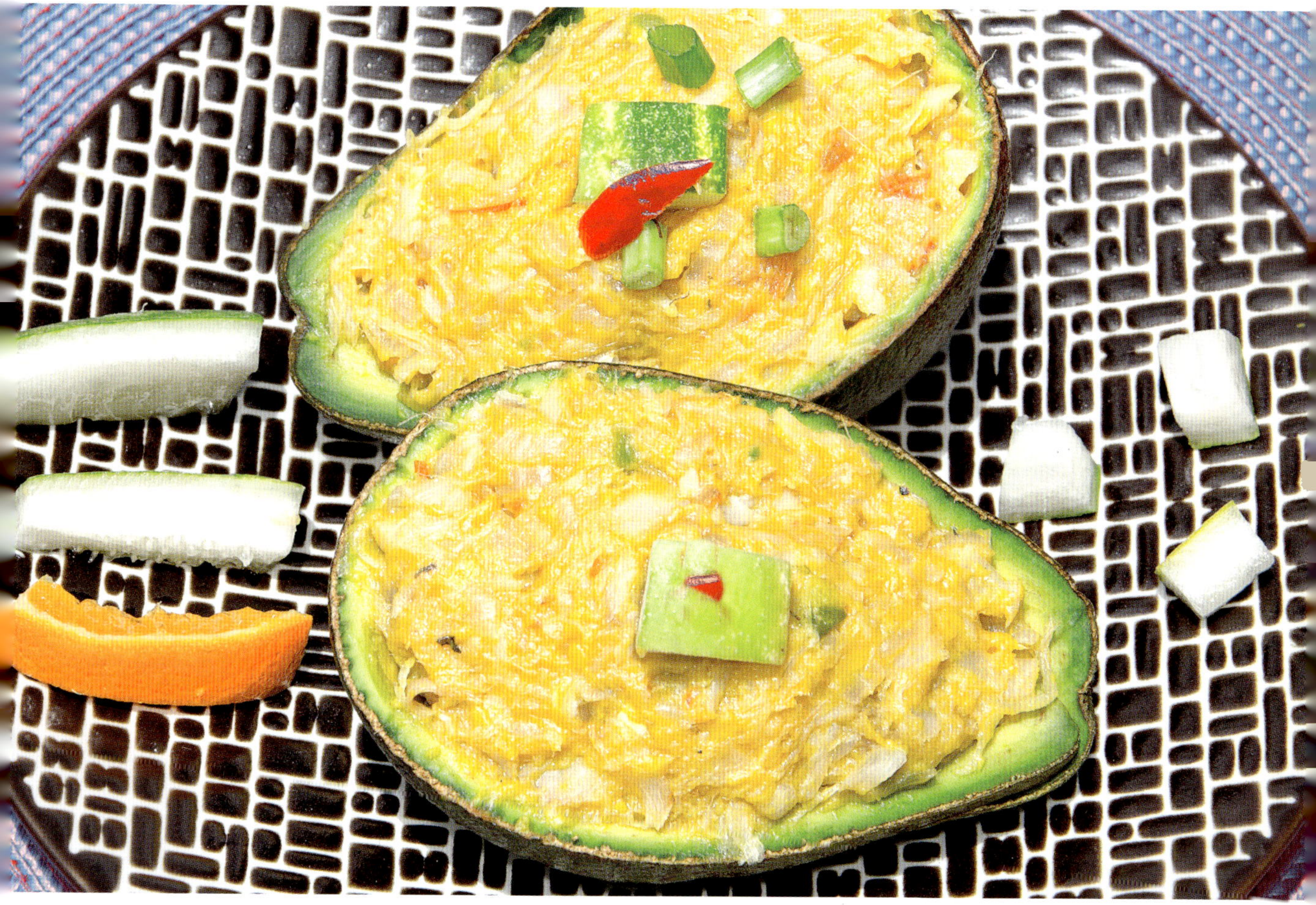

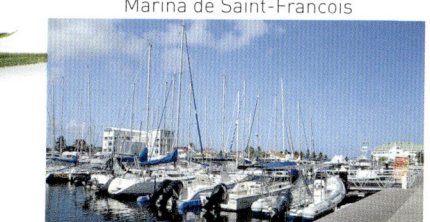

Marina de Saint-Francois

Mangrove

Chai de vieillissement

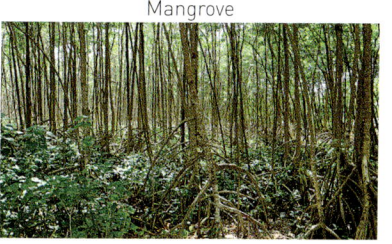

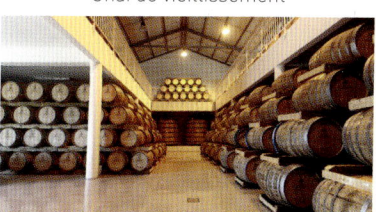

CHIQUETAILLE DE MORUE

DESSALAGE	PRÉPARATION	CUISSON	COÛT MOYEN / PORTION
12 h	20 min	10 min	1,25 €

Pour 4 personnes

VOS INGRÉDIENTS

- *500 g de morue*
- *1 gros oignon France*
- *2 tomates*
- *3 cives*
- *2 gousses d'ail*
- *3 c. à s. d'huile*
- *1 c. à s. de vinaigre*
- *1 petit piment frais*
- *poivre*

1. Couper la morue en gros morceaux ; la faire dessaler 12 h dans de l'eau froide que vous changerez deux ou trois fois.

2. Incorporer l'huile dans une poêle ; faire griller légèrement la morue à feu vif.

3. La trier en enlevant soigneusement la peau et les arêtes.

4. L'émietter.

5. Éplucher l'oignon, l'émincer, hacher les cives et les tomates, piler l'ail épluché avec un morceau de piment.

6. Incorporer ces ingrédients dans un gros bol auquel vous ajouterez l'huile et le vinaigre ainsi que la morue émiettée.

7. Poivrer, bien mélanger.

NOTRE CONSEIL

Il est possible de faire dessaler plus rapidement la morue en la plongeant dans un gros volume d'eau froide amenée à ébullition. Renouveler l'opération deux fois en changeant l'eau à chaque fois.

Chiquetaille de morue

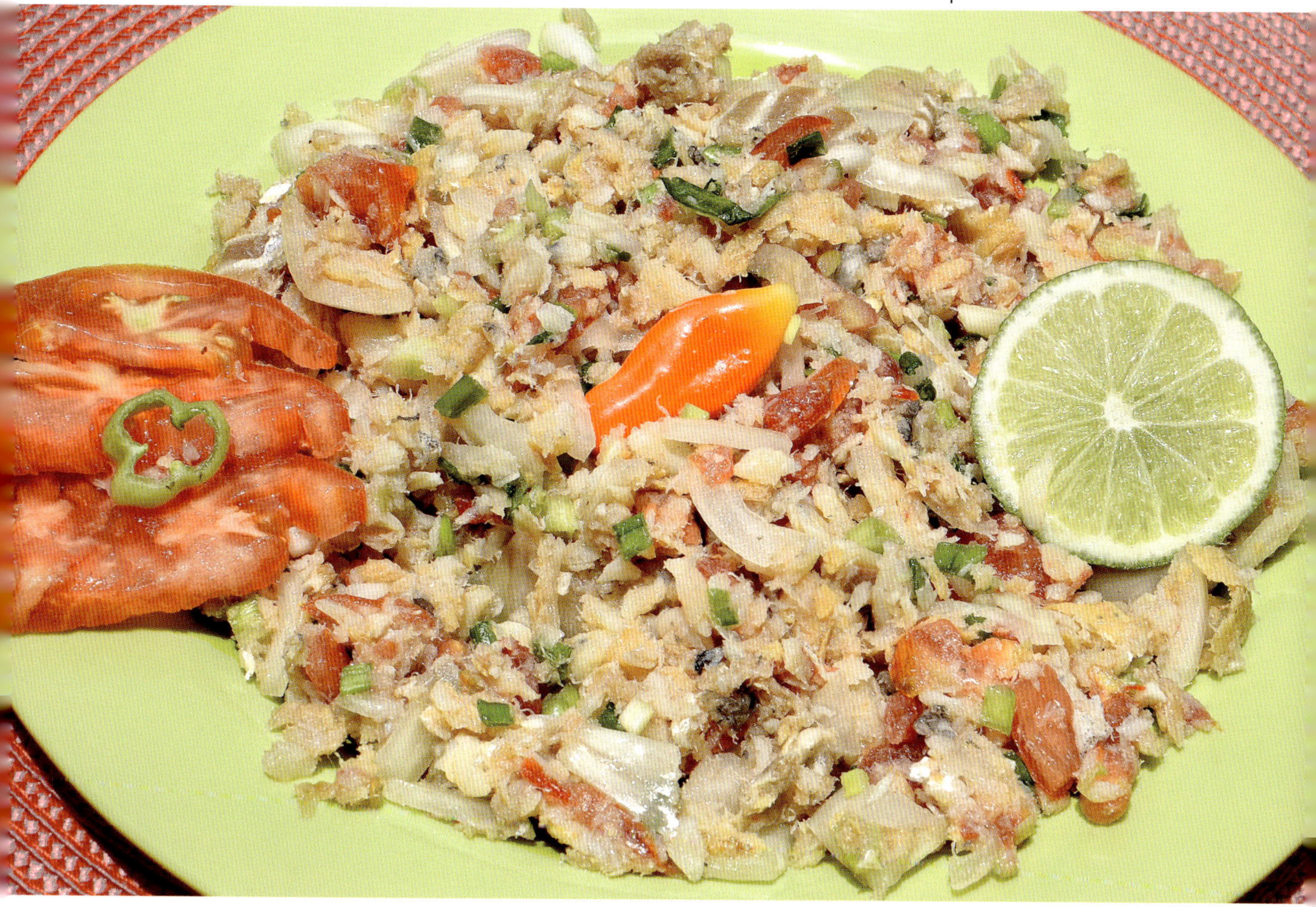

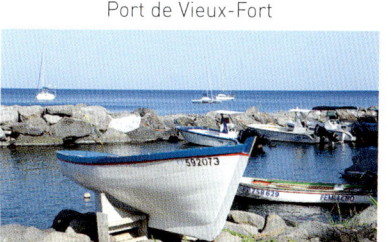

Chai Bologne

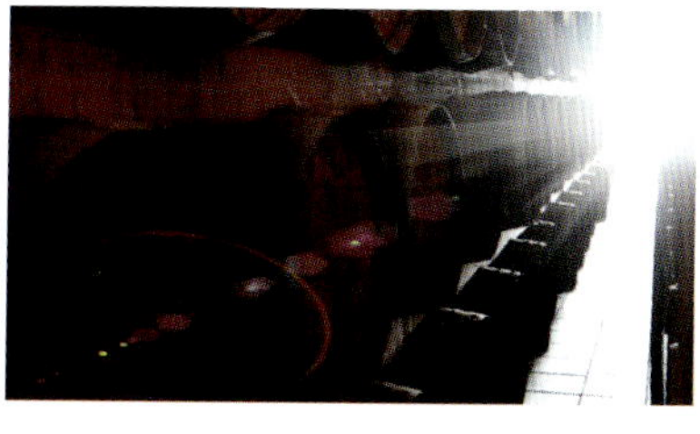

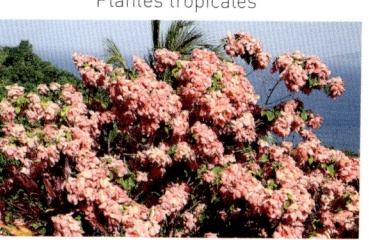

Port de Vieux-Fort

Plantes tropicales

TREMPAGE
DE MORUE

DESSALAGE	PRÉPARATION	CUISSON	COÛT MOYEN / PORTION
12 h	20 min	45 min	2,20 €

ENTRÉES

Pour 4 personnes

VOS INGRÉDIENTS

- *400 g de morue*
- *2 tomates*
- *1 pain rassis*
- *1 oignon France*
- *2 cives*
- *5 brins de persil*
- *1/2 verre de vin blanc*
- *1 piment*
- *2 c. à s. de farine*
- *2 c. à s. d'huile*
- *1 pincée de poudre de bois d'Inde*
- *poivre*

1. Faire dessaler la morue 12 h dans un gros volume d'eau en changeant l'eau 3 fois.
2. La faire cuire 20 min dans de l'eau bouillante.
3. L'éplucher, la trier en enlevant la peau et les arêtes.
4. L'émietter.
5. Mettre à tremper dans de l'eau le pain coupé en morceaux.
6. Éplucher les tomates, les concasser.
7. Hacher les cives et le persil, éplucher l'oignon, l'émincer, concasser la tomate.
8. Faire chauffer l'huile dans une poêle.
9. Y faire revenir 3 min les tomates et l'oignon.
10. Incorporer la morue émiettée, les cives, le persil, la poudre de bois d'Inde et le piment ; poivrer.
11. Laisser cuire 5 min.
12. Délayer 2 c. à s. de farine dans le vin blanc additionné du même volume d'eau.
13. Mélanger les ingrédients ; laisser cuire 20 min à feu doux et à découvert.
14. Presser soigneusement le pain, l'émietter, le disposer sur un plat.
15. Recouvrir le pain de la morue.

NOTRE CONSEIL

Surveiller la cuisson afin d'obtenir une sauce épaisse.

Trempage de morue

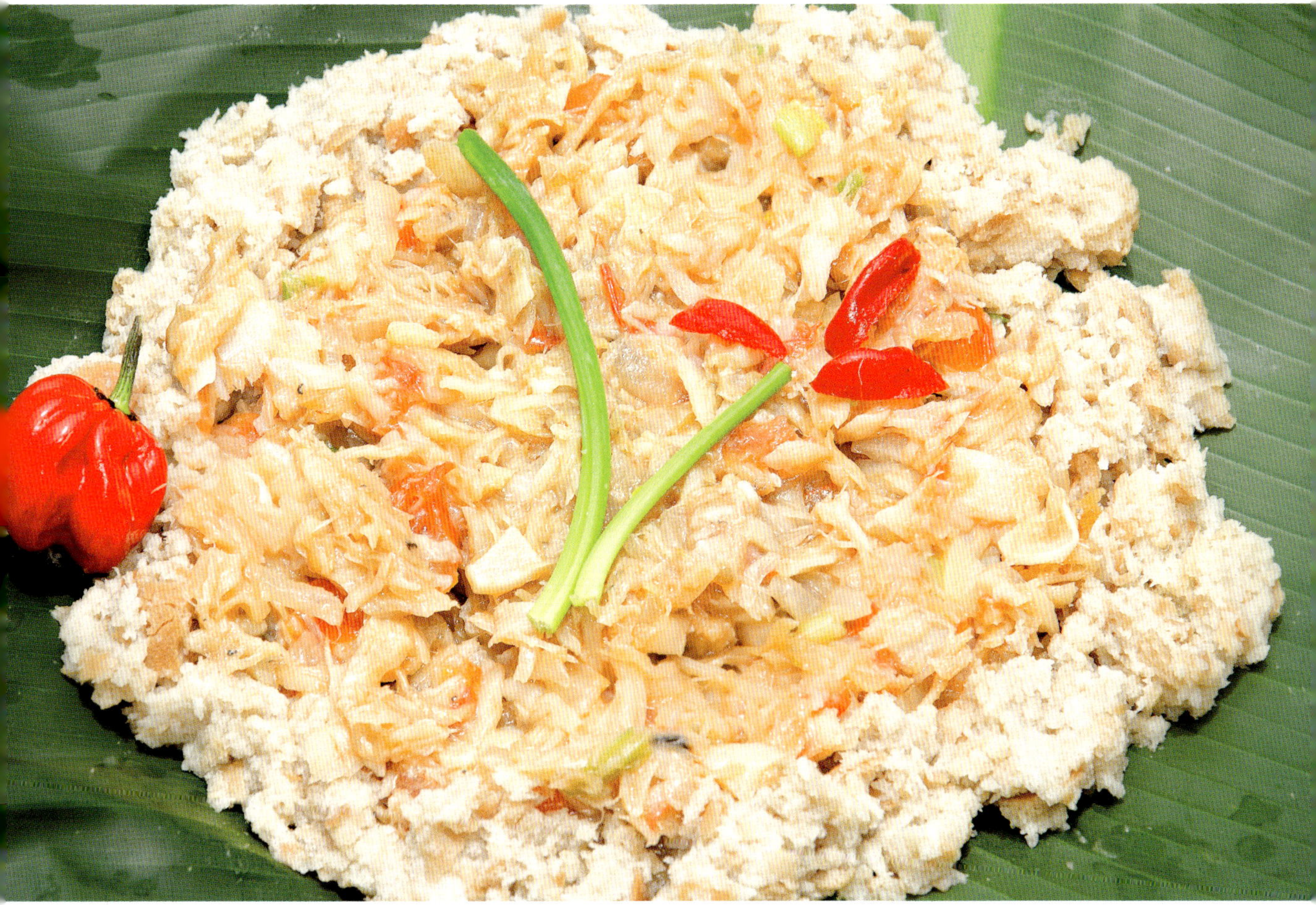

Caremboles

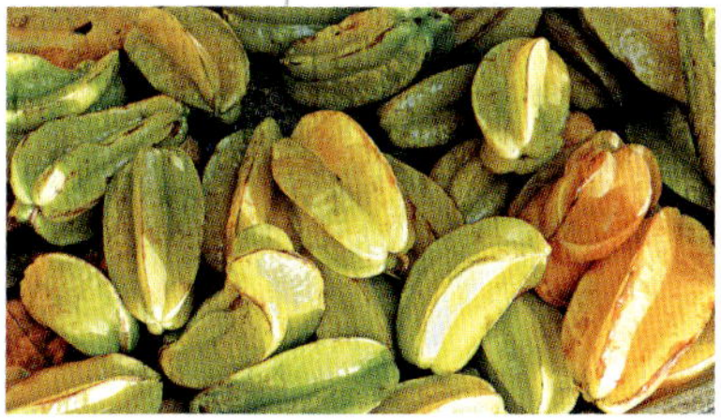

Pointe-à-Pitre

Colonne Savalle Bologne

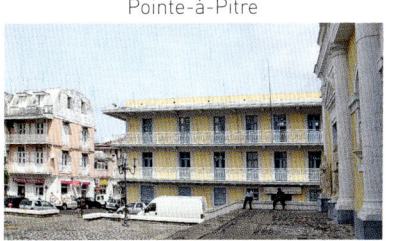

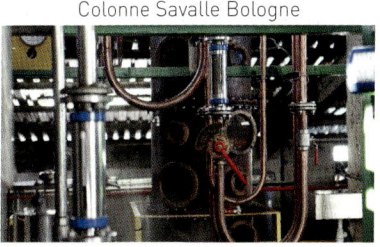

POYOS ET MORUE

DESSALAGE	PRÉPARATION	CUISSON	COÛT MOYEN / PORTION
12 h	25 min	40 min	1,80 €

Pour 4 personnes

VOS INGRÉDIENTS

- 400 g de morue
- 8 bananes poyos vertes
- 2 oignons pays
- 2 gousses d'ail
- 2 branches de persil

- 3 c. à s. d'huile
- poudre de bois d'Inde
- 1 clou de girofle
- 3 c. à s. d'huile
- 1 c. à c. de vinaigre

- 1 piment végétarien
- 2 citrons verts
- poivre

1. Mettre à tremper 12 h la morue dans une marmite remplie d'eau et du jus d'un citron. Changer l'eau 3 fois.

2. Éplucher les bananes ; les disposer dans une marmite, recouvrir de la morue, ajouter une pincée de bois d'Inde, le clou de girofle, et une gousse d'ail écrasée. Bien recouvrir d'eau ; laisser cuire à feu moyen 40 min.

3. Couper la morue en morceaux et la trier soigneusement.

4. Émincer l'oignon, écraser l'ail restant ; les incorporer dans un saladier ; y ajouter l'huile, le vinaigre, le jus d'un demi-citron, le piment, le persil haché

5. Mettre la morue ; poivrer, mélanger.

6. Servir les poyos en accompagnement.

Les bananes poyos (ti-nains en Martinique), utilisées vertes comme légume, sont les petites bananes que l'on déguste en métropole comme fruit lorsqu'elles sont jaunes.

Poyos et morue

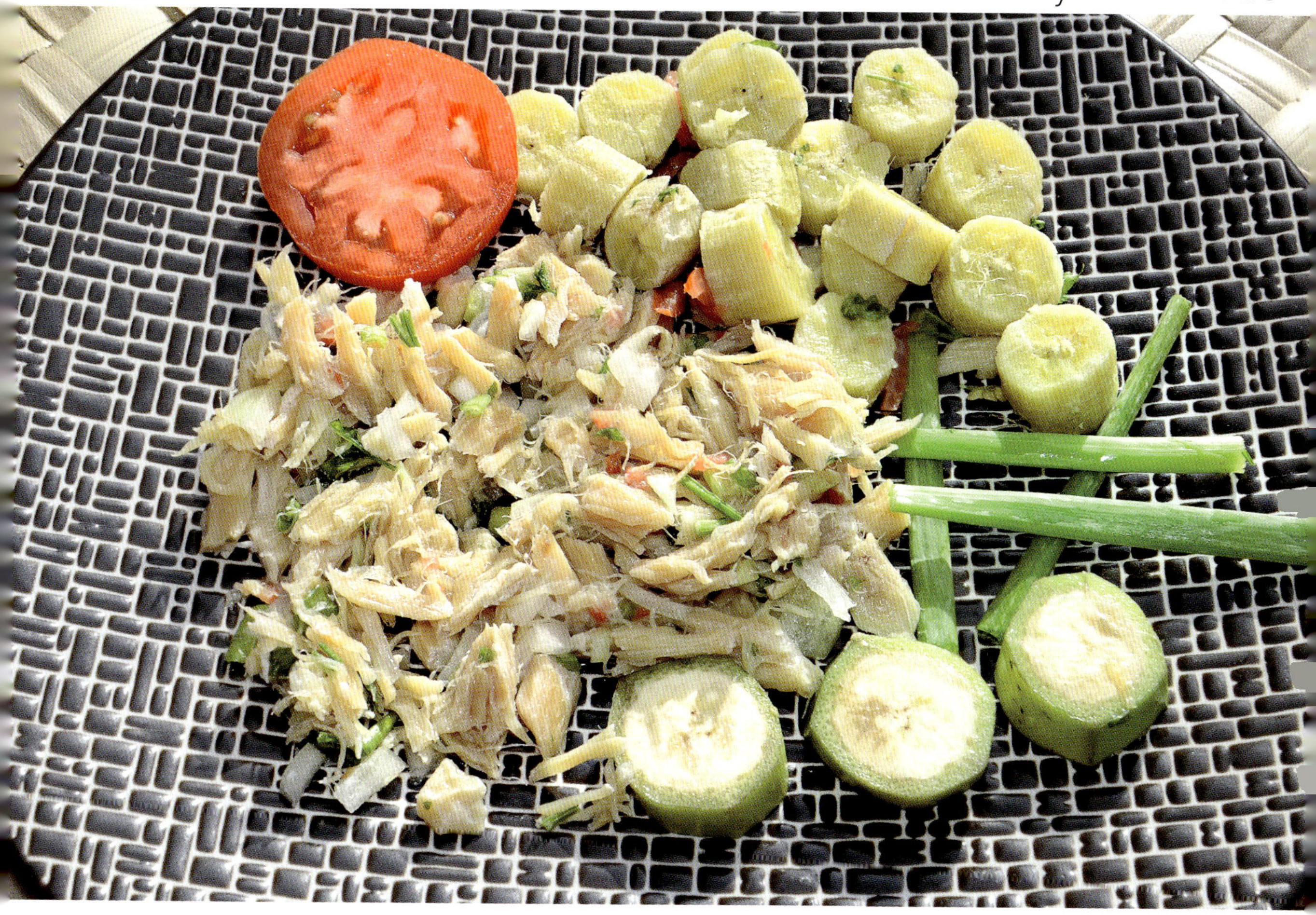

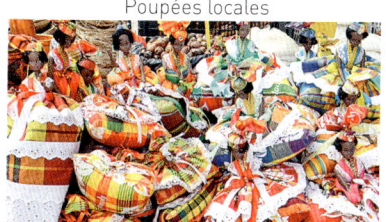

Poupées locales

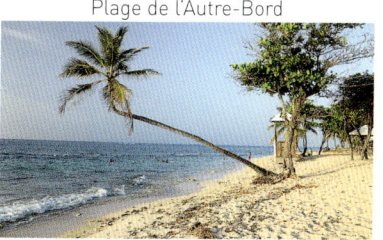

Plage de l'Autre-Bord

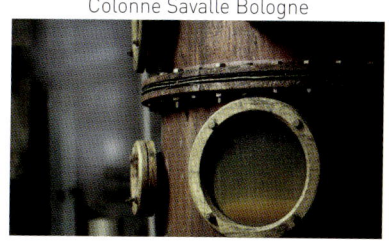

Colonne Savalle Bologne

HARENGS SAURS EN SALADE

DESSALAGE	PRÉPARATION	CUISSON	COÛT MOYEN / PORTION
2 h	25 min	25 min	1,70 €

Pour 4 personnes

VOS INGRÉDIENTS

- *3 harengs saurs*
- *400 g de concombre*
- *1 oignon France*
- *4 oignons pays*
- *1 gousse d'ail*
- *3 brins de persil*
- *1 piment*
- *2 c. à s. d'huile*
- *1 c. à c. de vinaigre*
- *1 petit verre de rhum blanc*

1. Faire dessaler durant 2 h les harengs saurs dans une marmite remplie d'eau.

2. Les égoutter.

3. Les faire flamber au rhum (verser un petit verre de rhum dans une louche en métal que vous ferez chauffer au-dessus d'un feu de la gazinière).

4. Trier les harengs en retirant soigneusement la peau et les arêtes.

5. Les émietter.

6. Émincer l'oignon France, hacher le persil et les cives, écraser l'ail et le piment.

7. Mélanger ces ingrédients aux miettes de hareng saur.

8. Éplucher les concombres, les râper dans le sens de la longueur. Y ajouter l'huile et le vinaigre. Bien mélanger.

NOTRE CONSEIL

Le concombre se sert séparément du hareng.

Harengs saurs en salade

Plage à Sainte-Anne

Machine à vapeur Bologne

Ruine au Moule

TARTE
AU GIRAUMON

PRÉPARATION	CUISSON	COÛT MOYEN / PERSONNE
15 min	1 h	0,60 €

Pour 8 personnes

VOS INGRÉDIENTS

- *500 g de giraumon*
- *1 pâte brisée*
- *3 oignons France*
- *2 œufs*
- *10 cl de lait*
- *5 cl de crème fraîche*
- *1 noix de beurre*
- *100 g de gruyère râpé*
- *10 brins de persil*
- *sel, poivre*

1. Éplucher le giraumon, le laver et le couper en morceaux.

2. Le mettre à cuire de 20 à 30 min dans une marmite remplie d'eau salée.

3. L'égoutter, le réduire en purée à l'aide d'une fourchette.

4. Hacher les brins de persil, éplucher les oignons France, les émincer ; mélanger ces ingrédients au giraumon.

5. Incorporer à cette préparation le lait et la crème fraîche ainsi que le jaune des 2 œufs ; saler, poivrer, mélanger.

6. Beurrer le fond d'un moule à tarte ; étaler la pâte dans le moule ; couper le surplus de pâte sur le contour du moule. Piquer le fond de tarte à la fourchette.

7. Verser le giraumon dans le moule ; bien l'étaler. Recouvrir la tarte du gruyère râpé.

8. Faire chauffer le four à 180 ° (th. 6) ; quand le four est à température, enfourner la tarte.

9. Laisser cuire 30 min.

NOTRE CONSEIL

Faire chauffer le four durant la préparation des ingrédients.
Voir la recette de la pâte brisée page 90.

Tarte au giraumon

Machine à vapeur Bologne

Centre commercial Damencourt le Moule

Gravures au Parc des Roches Gravées

31

CUISSON

BANANES VERTES, FRUITS À PAIN, PATATES DOUCES, GIRAUMONS, CHRISTOPHINES

LÉGUMES

VOS INGRÉDIENTS

- *ignames*
- *fruit à pain*
- *bananes*
- *patates douces*
- *christophine*
- *giraumon*

1. Les **ignames** comportent de nombreuses variétés. Ils se consomment nature ou en purée. Les éplucher, faire cuire à l'eau salée de 20 à 25 min. Réduire en purée, saler, poivrer. Arroser d'un filet d'huile avant le service. Sont souvent accompagnés d'une sauce pimentée.

2. Les **patates douces** se consomment en légumes ou en dessert. Les éplucher, les couper en morceaux puis les faire cuire de 15 à 20 min. Réduire en purée.

3. Le **fruit à pain** se prépare à peine mûr. L'éplucher, en retirer le cœur, le couper en gros morceaux. Faire cuire 20 min dans de l'eau salée. Écraser ensuite à la fourchette, ou mieux, au bâton lélé !
On en fera aussi de délicieuses frites après en avoir fait tremper les morceaux dans de l'eau salée, réduit ceux-ci en bâtonnets passés ensuite dans un bain de friture.

4. Les **christophines** sont cuites après avoir été coupées en 4 et bouillies 20 min dans de l'eau salée. Les éplucher ensuite, en enlever le cœur puis les couper en morceaux ou les réduire en purée.

5. Le **giraumon** sera cuit 25 min dans une eau salée, après avoir été épluché et nettoyé de son cœur. Il sera réduit en purée et agrémenté d'ail écrasé, de persil et de cives hachées et d'un piment, tout cela préalablement passé dans un peu d'huile à la poêle.

6. **Les bananes** ti-nains et bananes « légumes » peuvent être débarrassées de leur peau avant de cuire de 15 à 20 min. Les bananes jaunes cuiront avec leur peau 10 min dans de l'eau salée (en couper les extrémités et en inciser la peau).

Tour du Père-Labat

Soufrière

Distillerie Bologne

SOUPE
Z'HABITANT

PRÉPARATION	CUISSON	COÛT MOYEN / PERSONNE
20 min	2 h 20	1,60 €

Pour 6 personnes

VOS INGRÉDIENTS

- *500 g de viande de bœuf*
- *300 g d'épinards*
- *300 g de giraumon*
- *300 g de chou*
- *2 carottes*
- *2 poireaux*
- *2 feuilles d'oseille*
- *1 branche de céleri*
- *1 oignon France*
- *5 brins de persil*
- *2 c. à s. d'huile*
- *sel, poivre*

1. Laver les légumes, nettoyer les poireaux.
2. Les éplucher et les couper en petits morceaux.
3. Éplucher l'oignon, l'émincer.
4. Détailler la viande en dés.
5. Mettre à chauffer l'huile dans une marmite.
6. Incorporer tous les ingrédients.
7. Faire revenir 10 min à feu moyen en remuant régulièrement.
8. Ajouter 1 l d'eau, saler, poivrer.
9. Laisser cuire 2 h.
10. Passer grossièrement la préparation au mixer.

NOTRE CONSEIL

Afin d'offrir à cette soupe une texture supplémentaire, vous pouvez extraire, avant de la mixer, quelques dés de viande pour les réincorporer ensuite dans la marmite.

Soupe z'habitant

Trois- Rivières

Dans les hauts de Basse-Terre

Bord de mer à Sainte-Anne

SOUPE
DE PIEDS DE VEAU

PRÉPARATION	CUISSON	COÛT MOYEN / PERSONNE
15 min	1 h 30	2,10 €

Pour 6 personnes

VOS INGRÉDIENTS

- *2 pieds de veau*
- *1 poireau*
- *3 pommes de terre*
- *250 g de giraumon*

- *1/2 chou blanc*
- *2 carottes*
- *2 bouillons cubes poule*
- *1 branche de céleri*

- *1 bouquet garni (oignon pays, thym, persil)*
- *sel, poivre*

1. Couper les pieds de veau en tronçons.
2. Laver les légumes, les éplucher et les hacher menu (sauf le giraumon).
3. Dans une grosse marmite, mettre à chauffer 1,5 l d'eau additionnée des deux bouillons cubes et du bouquet garni ; à ébullition, y incorporer les pieds de veau ; saler, poivrer.
4. Faire cuire 30 min à couvert et à feu moyen.
5. Ajouter alors le giraumon, laisser cuire de nouveau 30 min.
6. Sortir le giraumon et l'écraser à la fourchette, le réincorporer dans la marmite ainsi que tous les légumes hachés.
7. Poursuivre la cuisson 20 min.

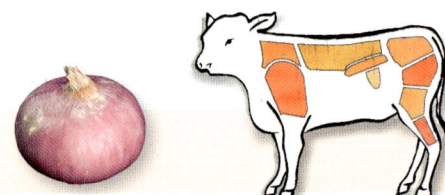

Soupe de pieds de veau

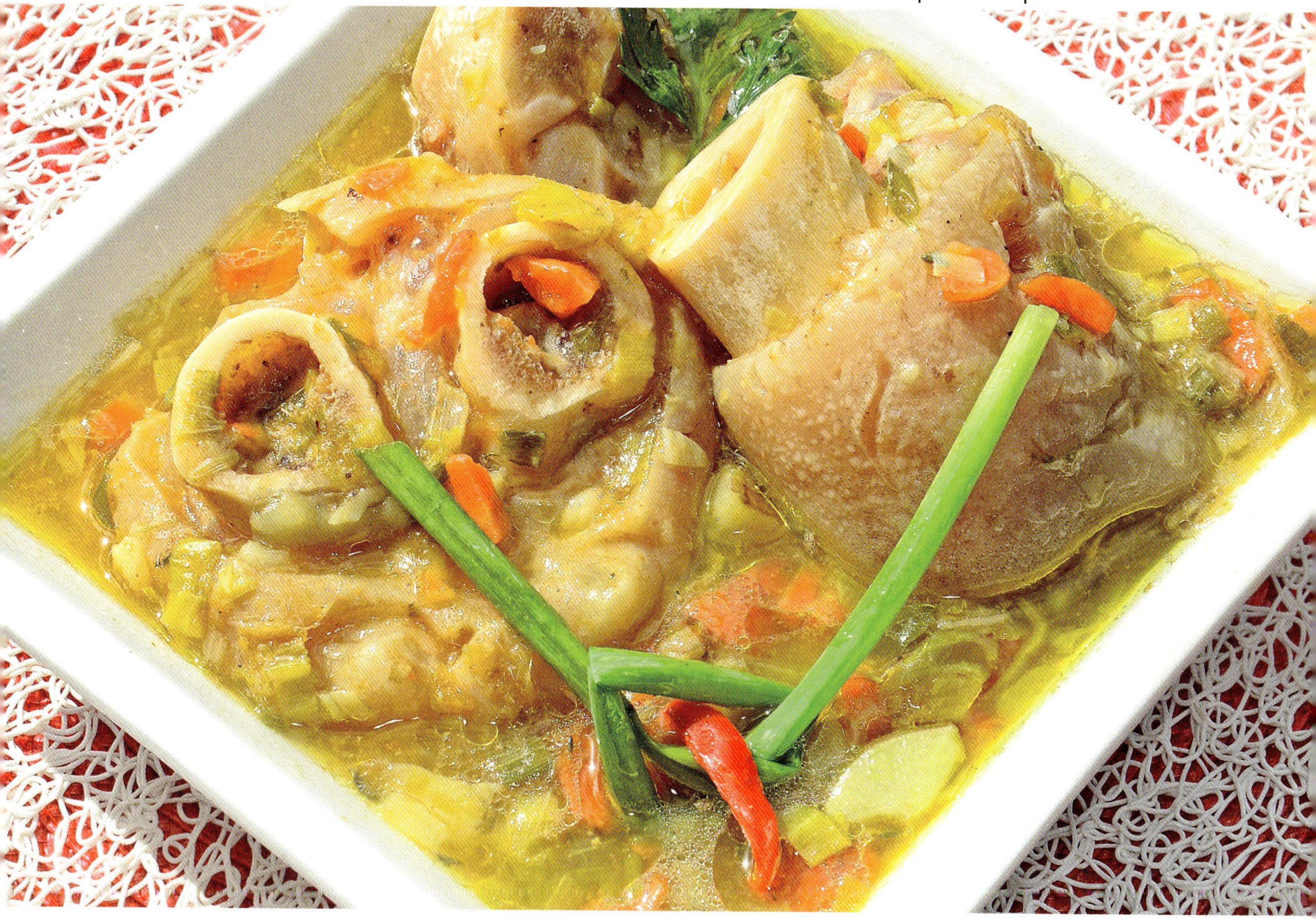

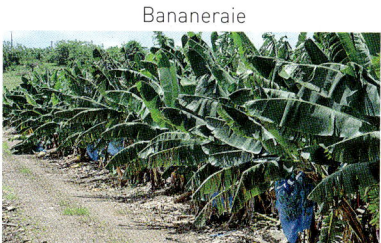

Bananeraie

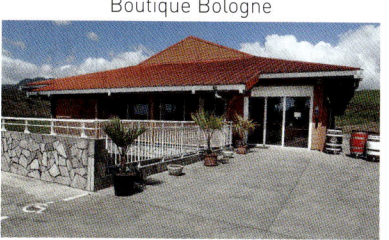

Boutique Bologne

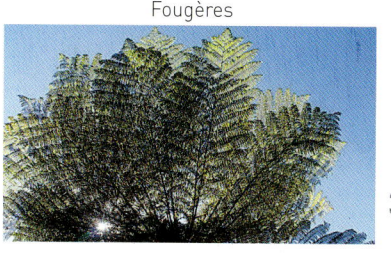

Fougères

PÂTÉ EN POT

PRÉPARATION	CUISSON	COÛT MOYEN / PERSONNE
25 min	3 h	2,60 €

Pour 8 personnes

VOS INGRÉDIENTS

Viande de mouton

- une demi-tête
- 250 g de tripes
- 125 g de foie
- 2 pattes

- 125 g de lardons fumés
- 125 g de giraumon
- 125 g de carottes
- 100 g de chou
- 250 g de pomme de terre
- 1 poireau

- 1 branche de céleri
- 1 bouquet garni
- 3 oignons France
- 25 cl de vin blanc
- 2 clous de girofle
- 3 c. à s. de câpres

- poudre de bois d'Inde
- 2 citrons verts
- 3 c. à s. d'huile
- sel, poivre

1. Nettoyer au citron les morceaux de mouton.

2. Disposer toute la viande et les abats dans une marmite additionnée de 2,5 l d'eau, du bouquet garni, d'un oignon émincé et des clous de girofle ; saler.

3. Laisser cuire de 2 à 3 h.

4. Éplucher et laver les légumes. Les couper en dés (sauf le céleri).

5. Au terme de la cuisson du mouton, égoutter la viande et les abats en réservant le bouillon de cuisson dans la marmite, puis désosser la viande. Couper toute la viande obtenue en petits dés.

6. Émincer les 2 oignons restants ; faire chauffer l'huile dans une grosse poêle ; y faire 5 min revenir l'oignon, les dés de légumes, les lardons et une pincée de poudre de bois d'Inde puis les dés de viande.

7. Incorporer le contenu de la poêle au bouillon de viande ; laisser mijoter 30 min.

8. Ajouter alors le vin blanc, la branche de céleri et les câpres ; laisser cuire 15 min.

Se prépare à l'occasion des fêtes.

Pâté en pot

Anse à la Barque

Distillerie Bologne

Mouillage de rêve

39

VELOUTÉ
DE CHRISTOPHINES

PRÉPARATION	CUISSON	COÛT MOYEN / PERSONNE
15 min	30 min	0,90 €

Pour 6 personnes

VOS INGRÉDIENTS

- 1 kg de christophines
- 100 g de blanc de poireau
- 30 g de beurre
- 1 gros oignon France
- 1 doigt de gingembre

- 1 pincée de curcuma
- 2 c. à s. d'huile
- 20 cl de crème fraîche
- sel, poivre

1. Éplucher les christophines, les couper en quatre, en enlever le cœur.

2. Bien nettoyer le poireau, le couper en morceaux.

3. Éplucher l'oignon, l'émincer.

4. Mettre à chauffer l'huile dans une marmite, y faire blanchir 2 min l'oignon, ajouter le gingembre pilé, une pincée de curcuma, les christophines et le poireau.

5. Laisser revenir 2 min ; saler, poivrer, ajouter 80 cl d'eau.

6. Amener à ébullition, couvrir, laisser mijoter 30 min.

7. Mixer la préparation ou la passer au chinois (tamis très fin).

8. Incorporer de 10 à 20 cl de crème fraîche selon goût. Mélanger. Servir chaud.

Velouté de christophines

Bateau de pêche à Pointe-à-Pitre

Maison Créole à Vieux-Habitants

Anse à la Barque

BÉLÉLÉ

PRÉPARATION	CUISSON	COÛT MOYEN / PERSONNE
15 min	10 min	0,80 €

Pour 6 personnes

VOS INGRÉDIENTS

Pour le bélélé

- 1 kg de tripes
- 100 g de lardons
- 1 fruit à pain
- 5 bananes plantain
- 2 citrons
- 5 cives
- 5 gousses d'ail
- 1 branche de thym
- 1 piment
- sel, poivre

Pour les dombrés

- 300 g de farine
- 1 c. à c. d'huile
- 1 verre d'eau
- sel

1. Laver les tripes. Les arroser du jus des 2 citrons.

2. Les disposer dans une marmite remplie d'eau salée d'une c. à c. de sel ; amener à ébullition, laisser cuire 1 h.

3. Préparer 300/400 g de dombrés (voir préparation page 64).

4. Éplucher le fruit à pain, le couper en quartiers. Enlever le cœur et couper la pulpe restante en dés.

5. Éplucher les bananes, les couper en rondelles.

6. Hacher les cives, éplucher et écraser les gousses d'ail.

7. Les tripes cuites, les égoutter ; rincer la marmite.

8. Mettre un filet d'huile dans la marmite, amener à température, faire suer les lardons ; incorporer les cives hachées, l'ail écrasé ainsi que les dés de fruit à pain et les rondelles de bananes. Ajouter les tripes, le piment, saler, poivrer.

9. Mouiller à hauteur d'eau ; laisser cuire à feu doux et à couvert 30 min.

10. Ajouter les dombrés, poursuivre à feu doux la cuisson 20 min. Votre préparation doit avoir l'aspect d'un potage épais, crémeux.

Vous pouvez ajouter aux tripes de l'andouillette dessalée.

Bélélé

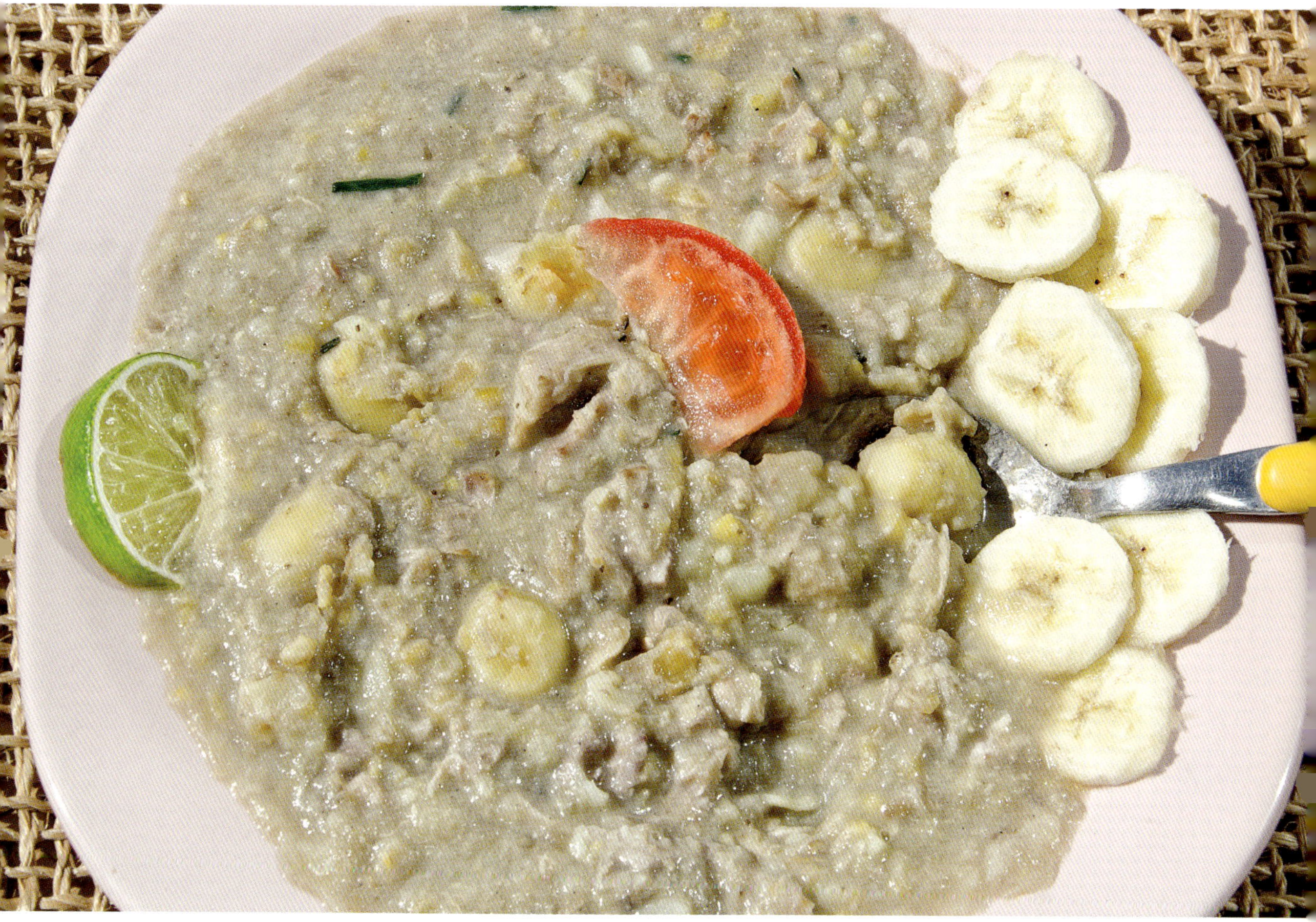

Sainte-Anne

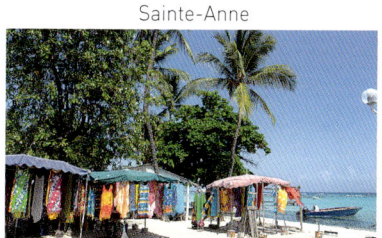

Canons à Vieux-Fort

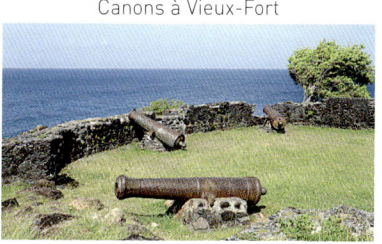

Catamaran au mouillage

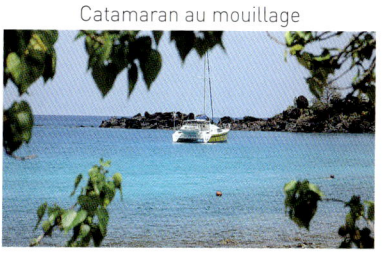

CÔTES DE PORC
GRILLÉES SAUCE CHIEN

Pour 4 personnes

PRÉPARATION	CUISSON	COÛT MOYEN / PERSONNE
15 min	20 min	2,10 €
MARINADE		
2 h		

VOS INGRÉDIENTS

Pour la viande

- 4 côtes de porc

Pour la marinade

- 2 citrons verts
- 2 cives
- 2 gousses d'ail
- 1 pincée de poudre de bois d'Inde
- 1 c. à s. d'huile

1. Laisser mariner 2 bonnes heures les côtes de porc dans le jus de 2 citrons verts, 2 cives hachées, 2 gousses d'ail pilées, 1 pincée de poudre de bois d'Inde, la c. à s. d'huile et 2 c. à s. d'eau.

2. Les faire cuire au barbecue ou au grill.

Préparation de la sauce chien

- 2 citrons vert
- 2 échalotes
- 2 cives
- 3 brins de persil
- 1 piment
- 1 branche de thym
- 1 grosse gousse d'ail
- 1 c. à s. d'huile

1. Extraire le jus de 2 citrons verts, hacher finement les échalotes, les cives, et le persil, piler la gousse d'ail, piquer le piment à l'aide d'une fourchette. Disposer tous ces ingrédients ainsi que le thym et l'huile dans un bol.

2. Arroser de un à deux verres d'eau très chaude ; laisser infuser 10 min.

3. Au moment de servir, napper les côtes de porc de cette délicieuse sauce qui se sert tiède.

La sauce chien peut accompagner de nombreuses grillades ou plats de crustacé, de viande et de poisson. Vous pouvez l'enrichir d'un œuf dur soigneusement écrasé à la fourchette.

Côtes de porc grillées sauce chien

Plage de Petite-Anse

Hibiscus

Propriété Coluche

MIGAN
COCHON SALÉ

PRÉPARATION	CUISSON	COÛT MOYEN / PERSONNE
15 min	30 min	2,40 €
DESSALAGE		
6 h		

Pour 4 personnes

VOS INGRÉDIENTS

- *1 fruit à pain*
- *2 queues de cochon salé*
- *1 tranche de lard*
- *1 oignon France*
- *4 oignons pays*
- *2 gousses d'ail*
- *2 bouquets garnis*
- *1 clou de girofle*
- *1 citron vert*
- *1 petit piment*
- *sel, poivre*

1. Faire dessaler le cochon 6 h dans une marmite remplie d'eau.

2. Le faire cuire 1 h dans de l'eau additionnée du jus de citron et d'un bouquet garni et de 2 gousses d'ail écrasées.

3. Couper le fruit à pain en tranches, en enlever la peau et le cœur.

4. Découper ces tranches en morceaux.

5. Tronçonner les queues de cochon.

6. Couper le lard en petits morceaux.

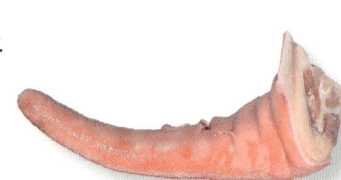

7. Disposer dans une marmite, le fruit à pain, le cochon, le lard, un bouquet garni, l'oignon France épluché, coupé en quartiers et piqué du clou de girofle, 2 gousses d'ail écrasées, les oignons pays hachés, et le piment.

8. Recouvrir d'eau.

9. Faire cuire à feu vif 20 min.

10. Réduire le feu et laisser mijoter à découvert 40 min.

11. Réduire grossièrement en purée le fruit à pain.

NOTRE CONSEIL

Le museau ainsi que les oreilles de cochon seront utilisés aussi bien que la queue.
Le « migan » est une purée de légumes écrasés traditionnellement au « bâton lélé »

Migan cochon salé

Port de pêche à Bananier

Vue aérienne de Bologne

Palmier

BŒUF
AU GINGEMBRE

PRÉPARATION	CUISSON	COÛT MOYEN / PERSONNE
20 min	1 h 20	3,60 €

Pour 4 personnes

VOS INGRÉDIENTS

- *800 g de bœuf à braiser*
- *100 g de gingembre frais*
- *3 gousses d'ail*
- *2 branches de thym vert*
- *3 oignons France*
- *1 pincée de bois d'Inde*
- *1 bouillon cube viande*
- *3 c. à s. d'huile*
- *sel, poivre*

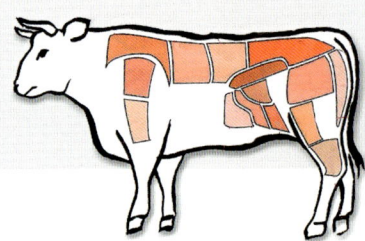

1. Couper la viande de bœuf en morceaux ; saler, poivrer.

2. Faire chauffer 3 cl d'huile dans une marmite ; au point de fumée, incorporer la viande et bien la faire revenir.

3. Diluer le bouillon cube dans 40 cl d'eau chaude. Mouiller la viande de ce bouillon ; ajouter à la marmite les oignons hachés, l'ail écrasé, le thym et le bois d'Inde.

4. Couvrir la marmite ; laisser mijoter 1 h à feu doux.

5. Éplucher le gingembre, le râper. Le blanchir en le plongeant dans de l'eau froide que vous porterez à ébullition.

6. Dès l'ébullition, sortir le gingembre et le rincer à l'eau froide.

7. Incorporez le gingembre à la viande 5 min avant la fin de la cuisson de celle-ci. (Rajouter éventuellement un peu d'eau lors de la cuisson de la viande afin d'obtenir un fond de sauce onctueux).

8. Goûter, rectifier l'assaisonnement si besoin.

Bœuf au gingembre

Panneau vers la Soufrière

Embarcadère pour Marie-Galante

Port de pêche de Saint-François

VEAU
À L'ANANAS

PRÉPARATION	CUISSON	COÛT MOYEN / PERSONNE
15 min	1 h	4,40 €

Pour 4 personnes

VOS INGRÉDIENTS

- 800 g de veau
- 1/2 ananas
- 2 branches de thym frais
- 2 citrons verts
- 2 oignons France

- 3 gousses d'ail
- 2 c. à s. d'huile
- 1 pincée de bois d'Inde
- 1 bouillon cube viande
- sel, poivre

1. Éplucher l'ananas ; n'utiliser qu'une moitié ; le couper en dés.

2. Diluer le bouillon cube dans un grand verre d'eau.

3. Éplucher et hacher finement l'ail et les oignons.

4. Saler et poivrer la viande.

5. Mettre à chauffer l'huile dans une marmite. Y faire bien revenir la viande, incorporer l'oignon, l'ail, le thym et la pincée de bois d'Inde.

6. Mouiller du verre de bouillon et du jus des 2 citrons, couvrir.

7. Laisser cuire 40 min à feu doux.

8. 5 mn avant la fin de cuisson, incorporer les dés d'ananas à la marmite.

NOTRE CONSEIL

Surveiller la cuisson en retournant la viande ; ajouter si besoin un peu d'eau ou de jus d'ananas si la préparation devient sèche. Parsemer d'oignon-pays haché lors du service.

Veau à l'ananas

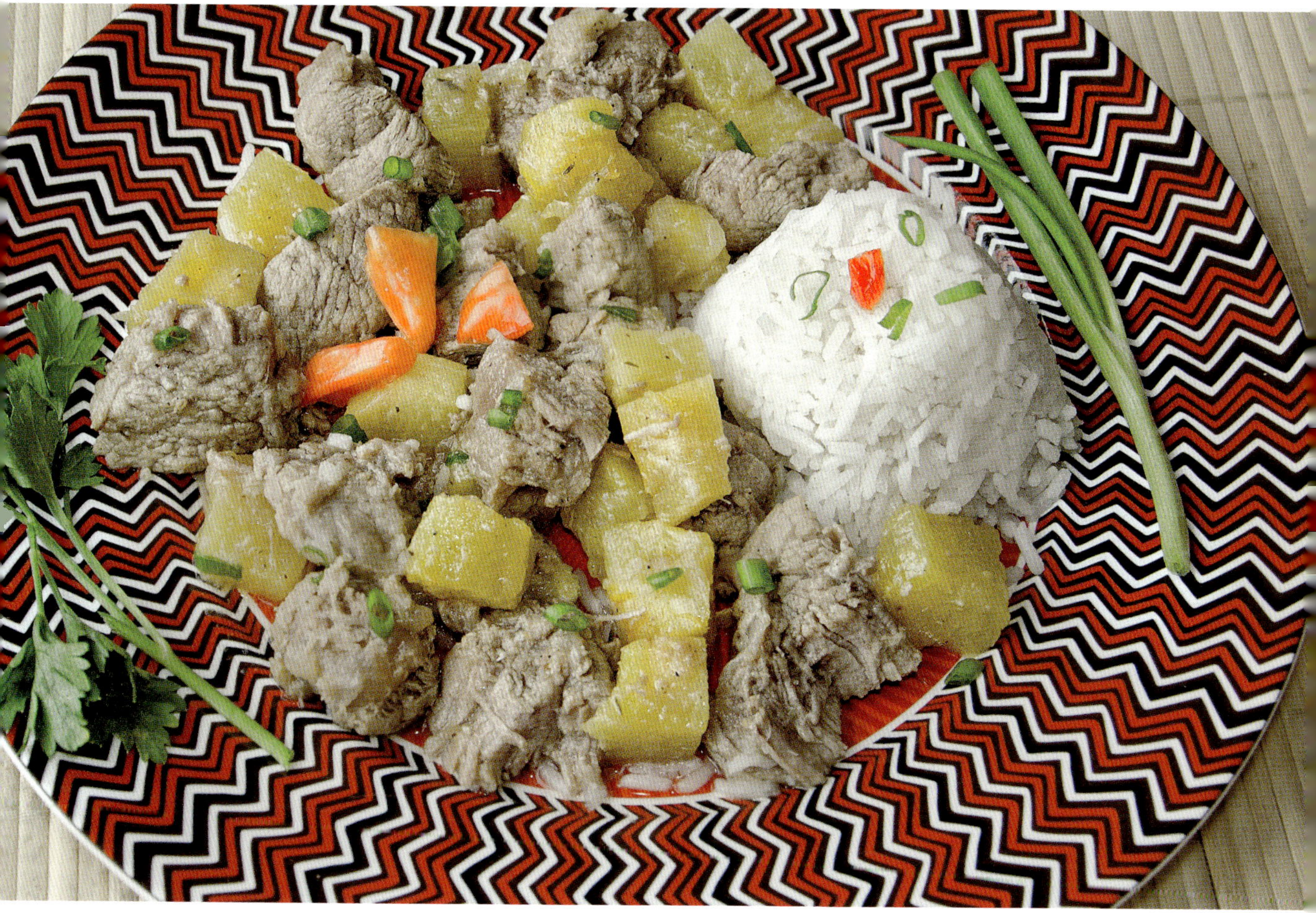

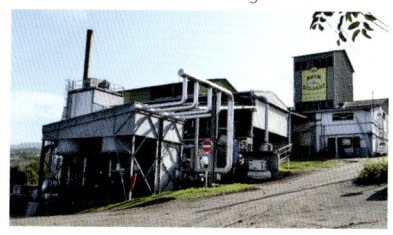

Usine de Bologne

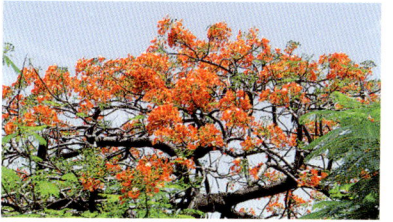

Flamboyant

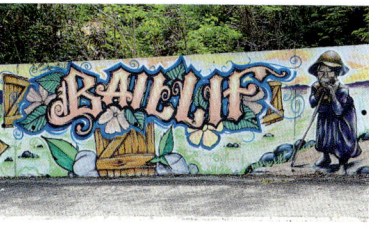

Fresque murale à Baillif

DAUBE DE PORC AU CURRY

PRÉPARATION	CUISSON	COÛT MOYEN / PERSONNE
15 min	1 h 10	2,80 €

Pour 4 personnes

VOS INGRÉDIENTS

- 800 g d'échine de porc
- 1 c. à s. de curry en poudre
- 1 oignon France
- 2 gousses d'ail
- 3 cives
- 1 bouquet garni
- 3 c. à s. d'huile
- 2 christophines
- 2 pommes de terre
- 2 tomates
- 1 c. à s. de farine
- 1 piment
- sel, poivre

1. Couper le porc en gros cubes.

2. Éplucher l'oignon, l'émincer, écraser l'ail, hacher les cives.

3. Faire chauffer l'huile dans une marmite ; y faire dorer la viande ; ajouter l'oignon, les cives hachées, l'ail écrasé ; saupoudrer de la farine, laisser revenir 3 min.

4. Couvrir d'eau chaude, ajouter la poudre de curry et le bouquet garni ; laisser mijoter à feu doux et à couvert 30 min.

5. Couper les christophines en 4, enlever le noyau, les éplucher ainsi que les pommes de terre. Peler et épépiner les tomates. Couper ces légumes en dés.

6. Les incorporer à la marmite après les 30 premières minutes de cuisson. Ajouter le piment, saler, poivrer.

7. Laisser de nouveau mijoter 30 min à feu doux. Rajouter si besoin un peu d'eau. La sauce obtenue doit être onctueuse.

Daube de porc au curry

Fougères

Parc National de la Guadeloupe

Plantes tropicales géantes

COLOMBO
DE POULET

MARINADE	PRÉPARATION	CUISSON	COÛT MOYEN / PORTION
2 h	25 min	1 h	1,90 €

Pour 4 personnes

VOS INGRÉDIENTS

Pour la marinade

- 2 gousses d'ail
- 1 c. à s. de colombo
- 4 c. à s. de vinaigre
- 1 clou de girofle
- 2 feuilles de bois d'Inde
- 1 piment frais
- sel, poivre

- 1 poulet de 1,5 kg
- 4 c. à s. de poudre de colombo
- 3 pommes de terre
- 1 gros oignon France
- 5 cives

- 2 gousses d'ail
- 2 feuilles de bois d'Inde
- thym, persil
- 2 c. à s. d'huile
- sel, poivre

1. **Préparation de la marinade** : disposer dans un plat, 4 c. à s. de vinaigre, 2 gousses d'ail écrasées, 1 c. à s. de poudre de colombo, 1 clou de girofle, 2 feuilles de bois d'Inde, 1 piment frais, sel, poivre.

2. Découper le poulet ; le laisser mariner 2 h minimum.

3. Dans une sauteuse, faire chauffer l'huile, y faire revenir 3 min les cives grossièrement hachées, l'oignon émincé, 1 branche de thym et 3 brins de persil haché ainsi qu'une pincée de poudre de bois d'Inde.

4. Ajouter les morceaux de poulet, les faire roussir.

5. Incorporer les 4 c. à s. de poudre de colombo, mouiller avec de l'eau à hauteur du poulet, saler, poivrer ; couvrir la sauteuse, laisser cuire 20 min à feu moyen.

6. Éplucher et couper les pommes de terre en petits cubes. Les ajouter à la sauteuse ; poursuivre la cuisson à couvert et à feu moyen de nouveau 20 min.

Colombo de poulet

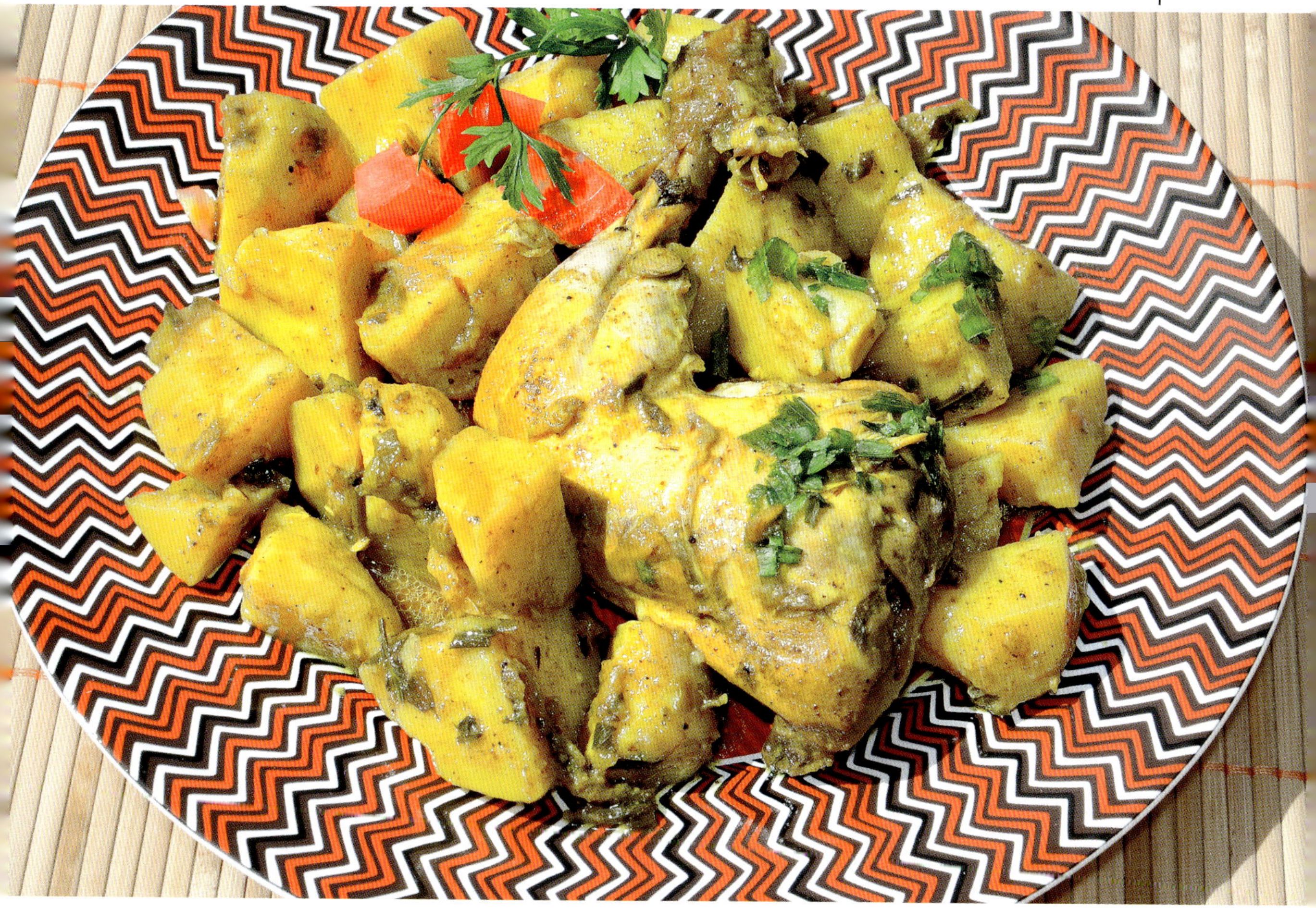

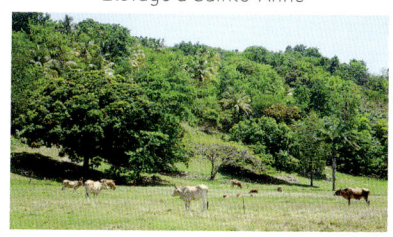

Élevage à Sainte-Anne

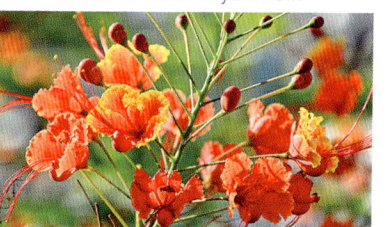

Fleurs de flamboyant nain

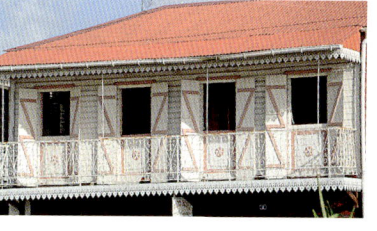

Maison créole

POULET
VIEUX RHUM ANANAS

PRÉPARATION	CUISSON	COÛT MOYEN / PERSONNE
20 min	30 min	2,20 €

Pour 6 personnes

VOS INGRÉDIENTS

- 1 poulet de 1,5 kg
- 6 tranches d'ananas
- 1 verre. de jus d'ananas
- 3 c. à s. de vieux rhum
- 1/2 citron vert

- 2 gros oignons France
- 2 cives
- 2 c. à s. d'huile
- sel, poivre

1. Découper le poulet en morceaux (vous pouvez obtenir 16 morceaux).

2. Mettre à chauffer 2 c. à s. d'huile dans une marmite
   y faire dorer le poulet sur toutes les faces.

3. Éplucher et émincer les oignons, hacher grossièrement les cives.

4. Les incorporer à la marmite lorsque le poulet est doré ; mélanger.

5. Faire chauffer 3 c. à s. de rhum dans une petite casserole.

6. En arroser le poulet et le faire flamber.

7. Ajouter à la préparation le verre de jus d'ananas et le jus d'un demi-citron vert.

8. Couvrir la marmite ; laisser mijoter à feu doux 25 min.

9. Couper les rondelles d'ananas en dés.

10. Les incorporer à la marmite.

11. Poursuivre la cuisson 3 min.

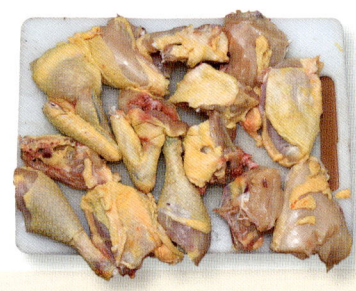

NOTRE CONSEIL

Surveiller la cuisson et rajouter, si besoin, un peu d'eau.

Poulet vieux rhum ananas

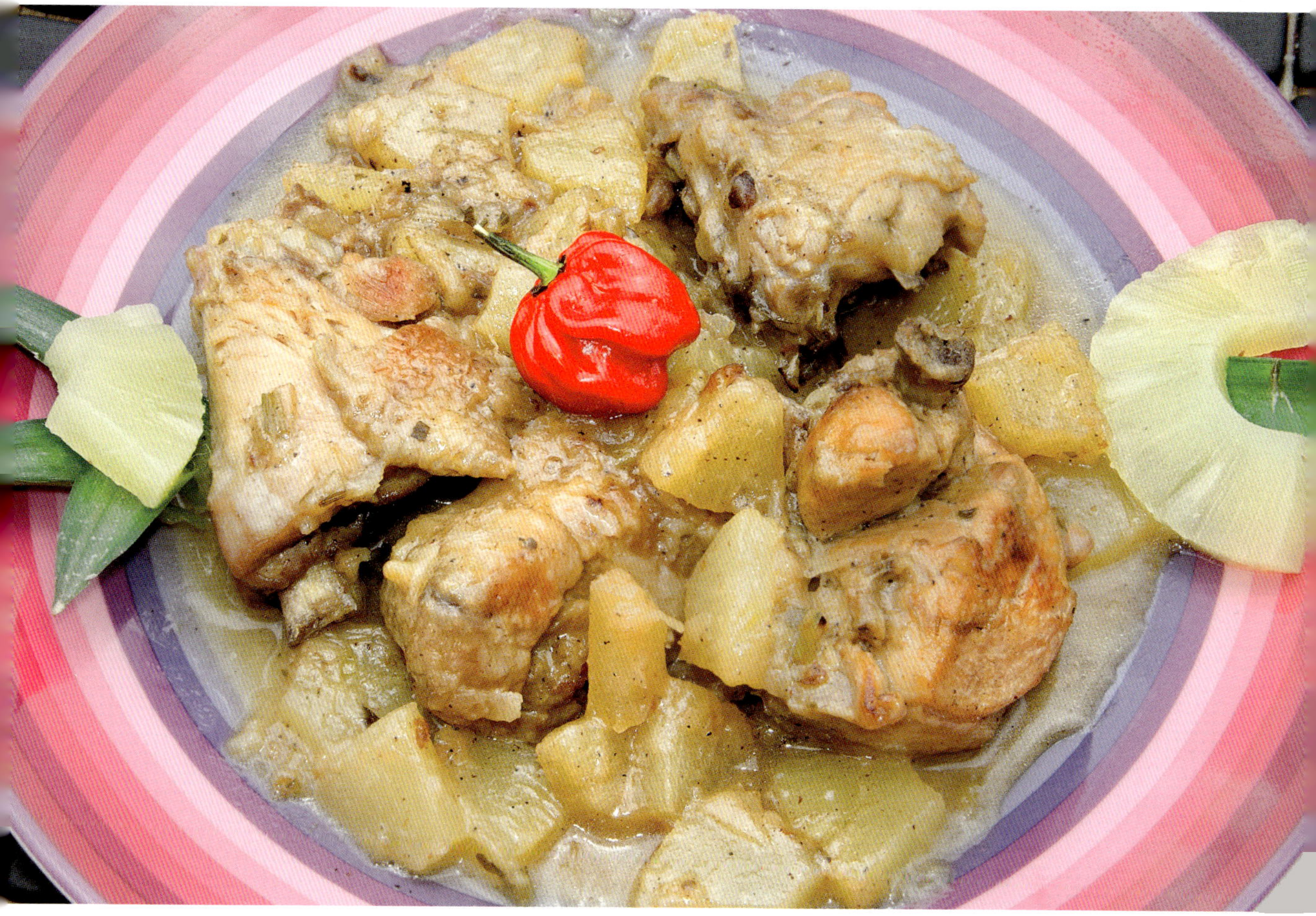

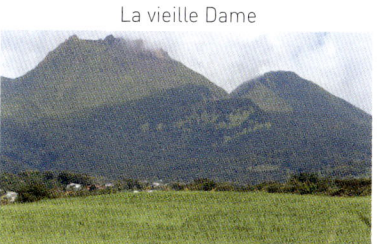

La vieille Dame

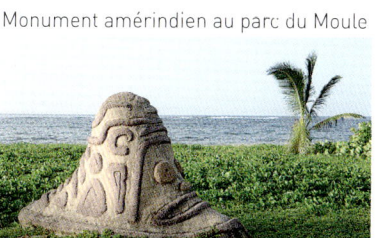

Monument amérindien au parc du Moule

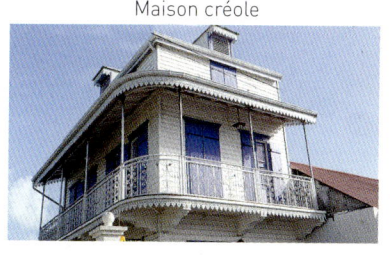

Maison créole

PIMENTADE DE POULET

PRÉPARATION	CUISSON	COÛT MOYEN / PERSONNE
20 min	30 min	2,10 €

Pour 4 personnes

VOS INGRÉDIENTS

- *1 poulet de 1,5 kg*
- *3 tomates*
- *2 gros poivrons*
- *3 oignons pays*
- *2 oignons France*
- *2 citrons verts*
- *2 gousses d'ail*
- *5 brins de persil*
- *1 branche de thym*
- *1/2 verre de sucre de canne*
- *1 piment*
- *3 c. à s. d'huile*
- *sel, poivre*

1. Découper le poulet en morceaux.

2. Les mettre à mariner dans le jus des citrons verts, 2 c. à s. d'huile, 1 oignon France émincé, 1 branche de thym, le persil préalablement haché, du sel et du poivre ainsi que le piment piqué à la fourchette. Mélanger tous les ingrédients.

3. Couper les tomates en dés, épépiner les poivrons et les couper en lamelles, émincer l'oignon France et les cives, éplucher et hacher les gousses d'ail.

4. Mettre à chauffer 2 c. à s. d'huile dans une poêle, incorporer le demi-verre de sucre

5. Égoutter les morceaux de poulet.

6. Les ajouter à la poêle et les faire dorer à feu vif.

7. Ajouter la marinade.

8. Laisser réduire à feu vif.

9. Incorporer tous les ingrédients préparés (tomates, poivrons, oignons France et pays, l'ail).

10. Baisser le feu et laisser mijoter entre 20 et 30 min.

NOTRE CONSEIL

La marinade étant poivrée et salée en amont, ne rectifier l'assaisonnement qu'en fin de cuisson. Retirer le piment du plat avant le service.

Pimentade de poulet

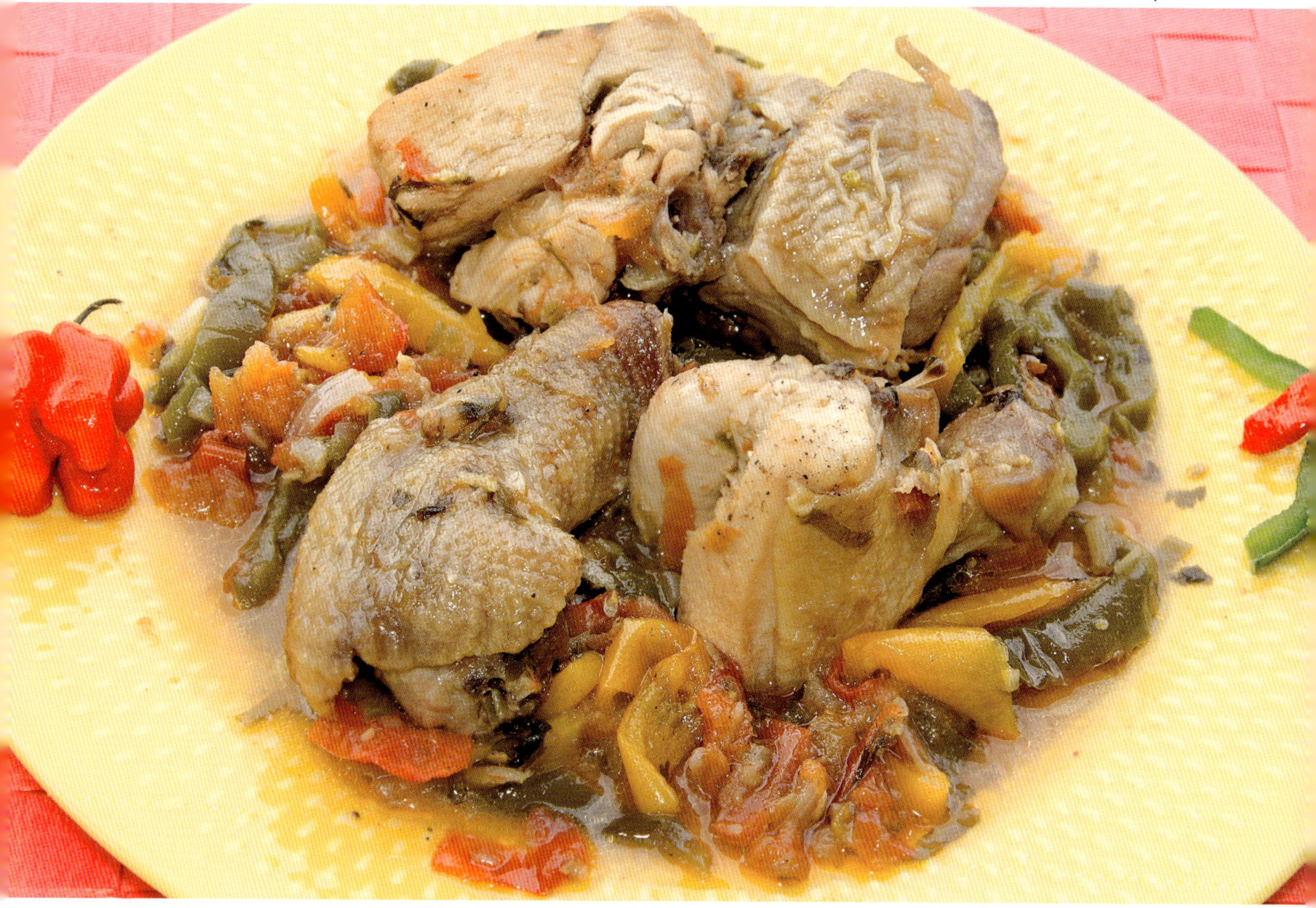

Noix de cajou

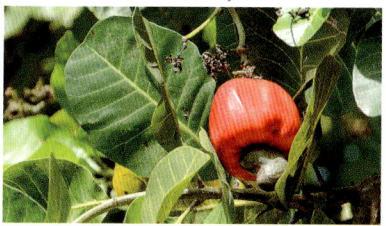

Plage de Grande-Anse

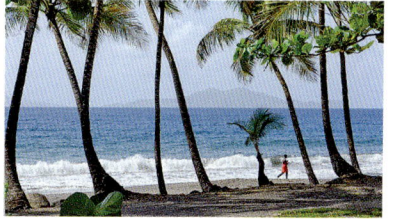

Phare de Vieux-Fort

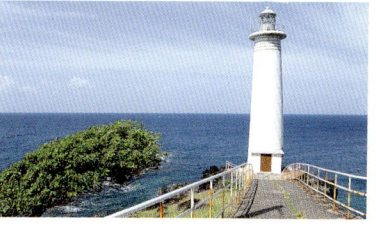

POULET COCO

PRÉPARATION	CUISSON	COÛT MOYEN / PERSONNE
20 min	40 min	2,30 €

Pour 6 personnes

VOS INGRÉDIENTS

- 1 poulet de 1,5 kg
- 2 gros oignons France
- 1 grosse tomate
- 1 branche de thym

- 1 boîte de lait de coco
- 2 c. à s. d'huile
- 1 pincée de curcuma
- sel, poivre

1. Découper le poulet en morceaux. Éplucher et émincer les oignons.

2. Faire chauffer 2 c. à s. d'huile dans une marmite ; y faire dorer les morceaux de poulet à feu vif.

3. Jeter l'huile de cuisson afin de dégraisser la préparation.

4. Incorporer à la marmite 1c. à s. d'huile, les oignons émincés, la tomate pelée et épépinée, une pincée de curcuma et le thym ; saler, poivrer.

5. Faire revenir la préparation 2 min, ajouter 20 cl de lait de coco et un verre d'eau.

6. Laisser mijoter à feu doux à découvert de 20 à 30 min.

Vous obtiendrez une sauce plus onctueuse et un goût de coco plus marqué en ajoutant une seconde boîte de lait de coco (supprimer alors le verre d'eau).

Poulet coco

Marché de Basse-Terre

Étal au marché

Chapeaux typiques

FRICASSÉE
DE COQ

Pour 6 personnes

PRÉPARATION	CUISSON	COÛT MOYEN / PERSONNE
30 min	1 h 15	3,70 €
MARINADE		
1 nuit		

VOS INGRÉDIENTS

- *1 petit coq de 1,5 kg*
- *2 citrons verts*
- *2 gousses d'ail*
- *1 branche de thym*
- *5 cives (oignon pays)*
- *1 piment frais*
- *1 c. à s. de farine*
- *25 g de beurre*
- *4 c. à s. d'huile*
- *1 petit verre de vieux rhum*
- *sel, poivre*

1. Découper le coq en morceaux.

2. Le faire mariner une nuit dans le jus de 2 citrons verts, 1 c. à s. d'huile, 2 gousses d'ail écrasées, le thym, les cives hachées et un peu de piment pilé. Retourner les morceaux de temps en temps.

3. Le lendemain, mettre à chauffer dans une marmite 3 c. à s. d'huile et le beurre ; y faire dorer le coq sur toutes les faces.

4. Passer la marinade au chinois (passoire très fine), ajouter le jus obtenu à la préparation.

5. Délayer la farine dans un peu d'eau, l'incorporer à la marmite ainsi que le verre de rhum et 2 verres d'eau. Saler, poivrer, mélanger les ingrédients.

6. Laisser mijoter à feu doux et à couvert 1 h.

Fricassée de coq

Sculptures à Basse-Terre

Grenade

Fort Delgrès

DOMBRÉS
AUX CREVETTES

PRÉPARATION	CUISSON	COÛT MOYEN / PERSONNE
25 min	40 min	2,60 €

REPOS DE LA PÂTE		
1 h		

Pour 4 personnes

VOS INGRÉDIENTS

Pour les crevettes

- 800 g de queues de crevettes
- 3 oignons pays (cives)
- 1 oignon France
- 3 grosses tomates
- 3 gousses d'ail
- 1 piment
- 2 c. à s. d'huile
- 2 pincées de roucou
- sel, poivre

Pour les dombrés

- 200 g de farine
- 1/2 verre d'eau
- 1 filet d'huile
- sel

Préparer les dombrés

1. Disposer la farine dans un saladier avec 1 c. à c. de sel et un filet d'huile.
2. Verser petit à petit l'eau en mélangeant la farine et l'eau.
3. Pétrir jusqu'à obtention d'une pâte souple, homogène mais ferme.
4. La laisser reposer une heure au frais, recouverte d'un torchon propre.
5. Étaler la pâte ; en couper de petits morceaux que vous roulerez dans la main afin d'obtenir des boulettes de la grosseur d'une noisette.

Préparer les crevettes

1. Éplucher l'oignon France, l'émincer ; hacher les cives, éplucher et écraser les gousses d'ail.
2. Plonger les tomates 1 min dans de l'eau bouillante, les éplucher puis les concasser.
3. Mettre l'huile à chauffer dans une poêle ; y faire revenir 2 min les cives coupés, oignons émincés et ail écrasé.
4. Incorporer la poudre de roucou ; hacher le piment, l'ajouter avec les tomates à la préparation. Laisser cuire 1 min.
5. Ajouter les queues de crevette et les dombrés, incorporer un grand verre d'eau ; laisser cuire 30 min à feu doux et à couvert. Rajouter un peu d'eau si besoin afin d'obtenir une sauce onctueuse.

Les dombrés accompagnent de nombreux ragoûts de viandes ou de fruits de mer.

Dombrés aux crevettes

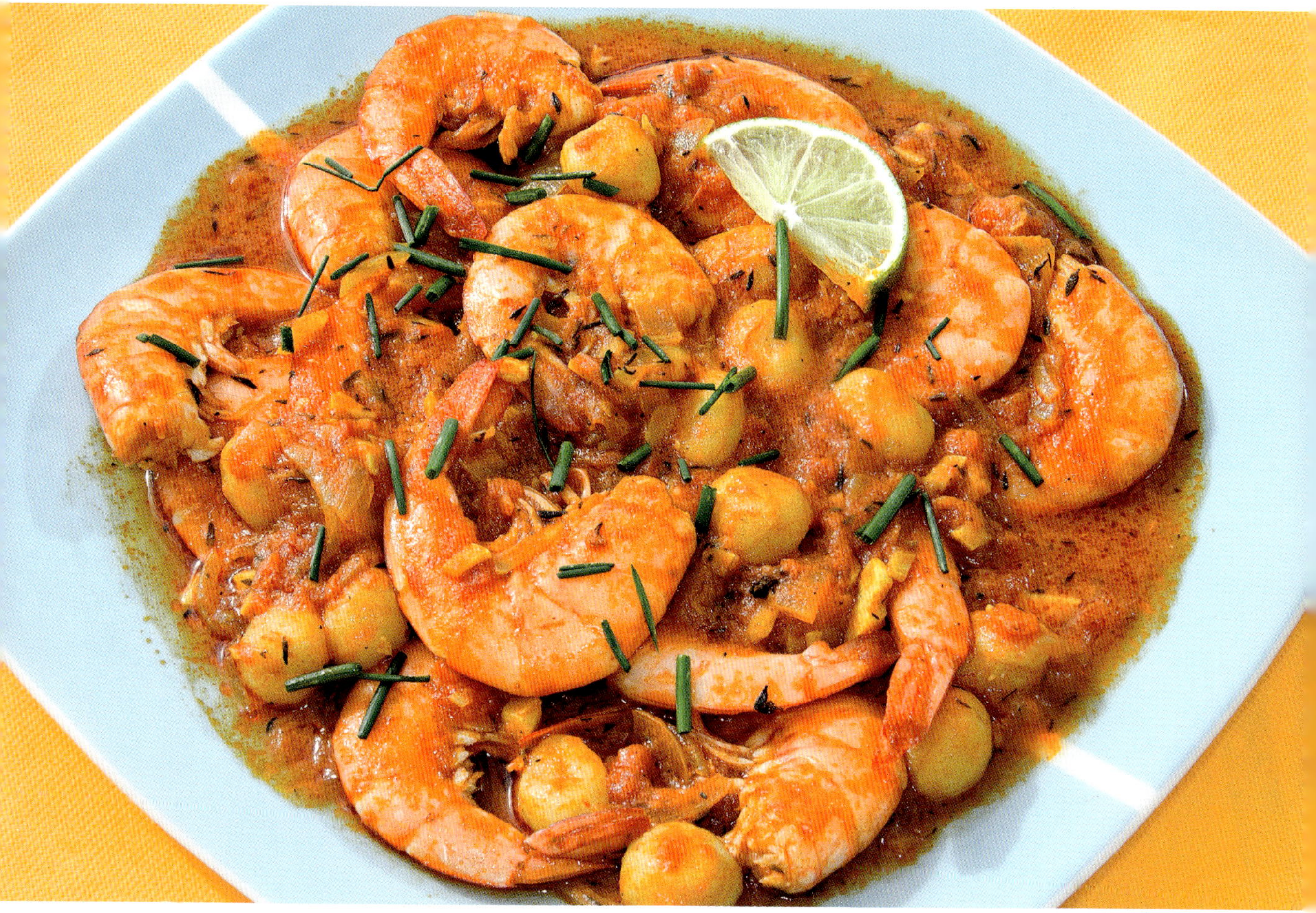

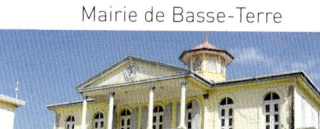

Mairie de Basse-Terre

Peinture murale

Basse-Terre

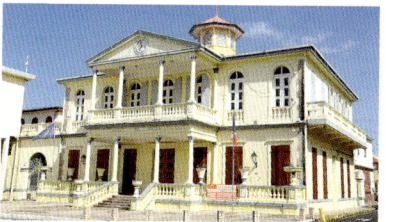

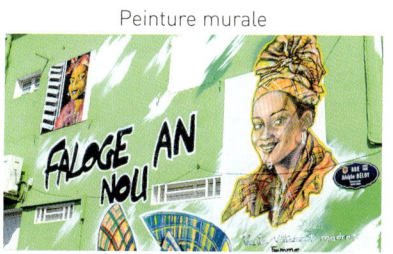

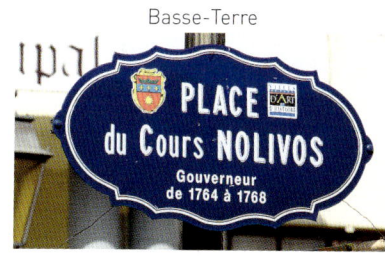

MATÉTÉ DE CRABES

PRÉPARATION	CUISSON	COÛT MOYEN / PERSONNE
20 min	40 min	2,30 €

Pour 4 personnes

VOS INGRÉDIENTS

- 12 crabes de terre
- 600 g de riz
- 2 oignons France
- 3 cives
- 2 tomates
- 5 graines de bois d'Inde
- 1 branche de thym
- 1 feuille de laurier
- 2 clous de girofle
- 2 citrons verts
- 4 c. à s. d'huile
- 3 brins de persil
- sel, poivre

1. Saigner les crabes vivants en enfonçant la pointe d'un couteau entre les deux yeux.
2. Les brosser énergiquement.
3. Retirer la carapace, ne conserver que la partie blanche et les pattes légèrement écrasées pour faire pénètrer le jus.

4. Bien nettoyer à l'eau courante.
5. Hacher les cives et les oignons épluchés ; concasser les tomates, écraser l'ail et le petit piment, presser le citron.
6. Faire chauffer l'huile dans une marmite et y faire revenir les crabes 3 min.
7. Incorporer les cives et oignons, l'ail, le piment, les tomates concassées ; faire revenir 3 min ; incorporer le thym, la feuille de laurier, les graines de bois d'Inde, les clous de girofle puis le riz.
8. Recouvrir d'un litre et demi d'eau et du jus de 2 citrons, mélanger ; laisser mijoter environ 30 min à feu moyen (surveiller la cuisson, le riz doit absorber toute l'eau mais ne pas attacher au fond de la marmite).
9. Hacher le persil, l'ajouter à la marmite en fin de cuisson, mélanger, laisser cuire 1 min.

NOTRE CONSEIL

Les crabes de terre ne se consomment qu'au moment de Pâques, lorsque leur carapace est dure, les morceaux de crabes surgelés de Madagascar conviendront parfaitement pour la réalisation de cette recette.

Matété de crabes

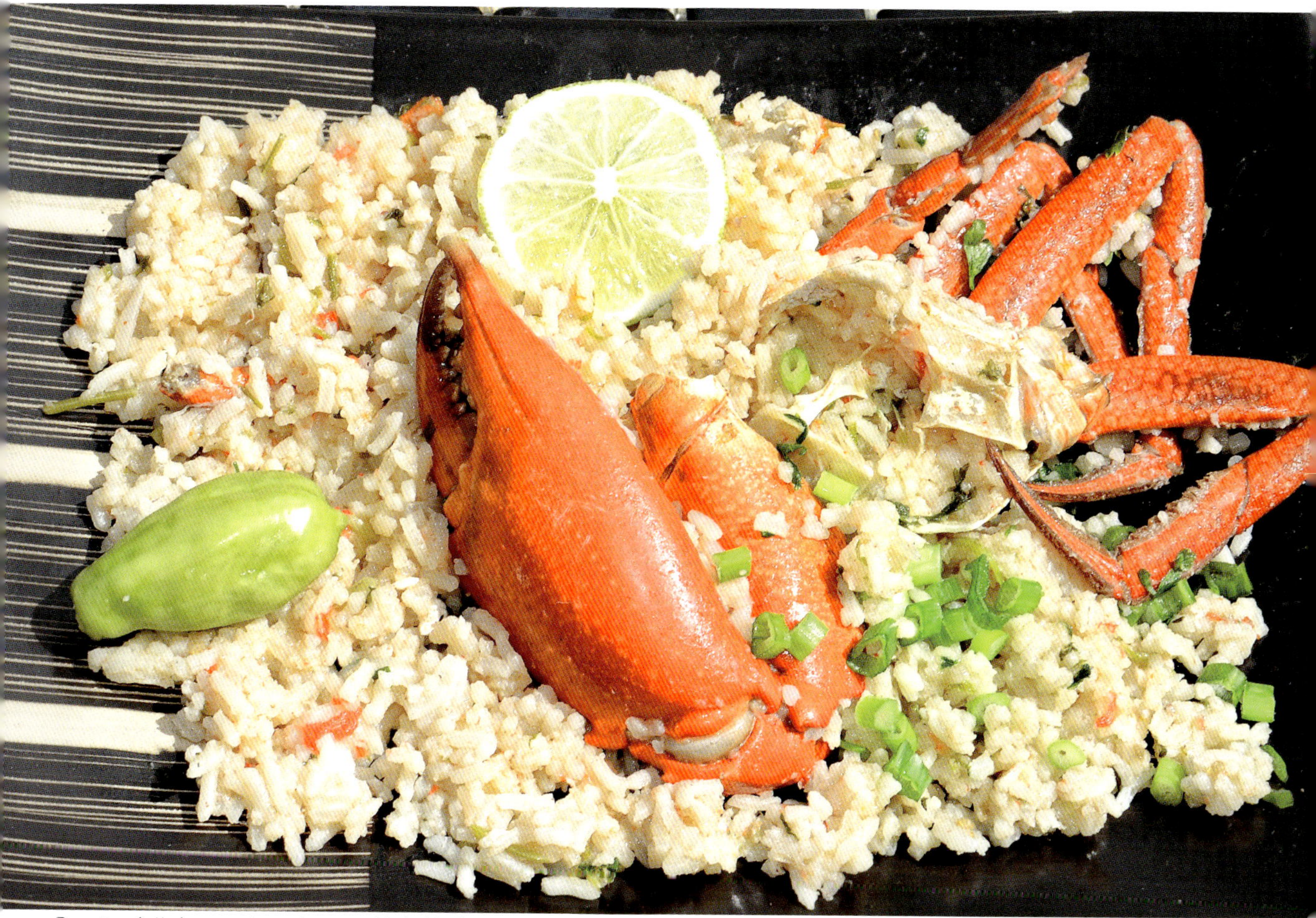

Recette réalisée avec du crabe surgelé de Madagascar

Alpinias

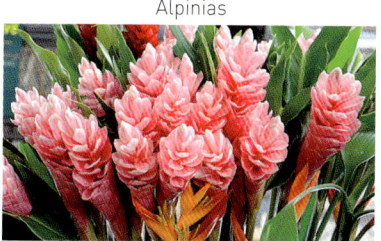

Site de Mamalier Vieux-Habitants

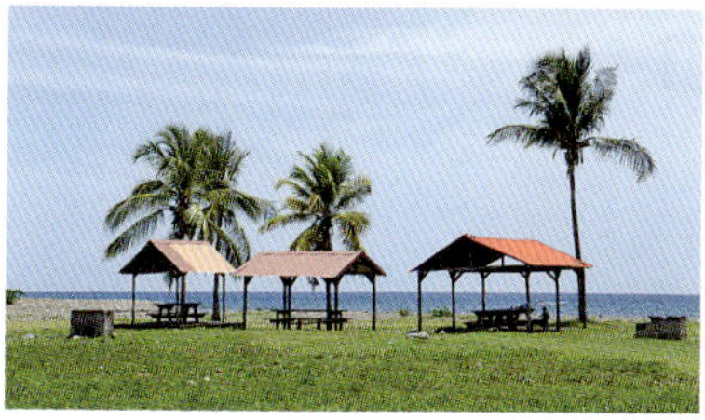

Balisiers

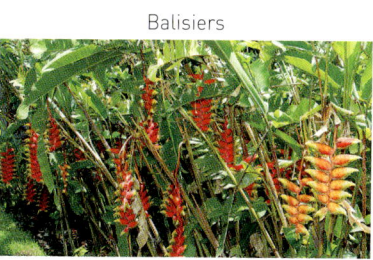

FRICASSÉE
DE CRABES

PRÉPARATION	CUISSON	COÛT MOYEN / PERSONNE
15 min	25 min	2,10 €

Pour 4 personnes

VOS INGRÉDIENTS

- *1 kg de crabe surgelé*
- *3 tomates*
- *1 citron vert*
- *2 gousses d'ail*
- *1 bouquet de persil*
- *3 cives (oignon pays)*
- *1 gros oignon France*
- *4 c. à s. d'huile*
- *1 piment*
- *sel, poivre*

1. Éplucher les tomates, les concasser.
2. Hacher les cives.
3. Éplucher et émincer l'oignon.
4. Écraser l'ail.
5. Faire chauffer 2 c. à s. d'huile dans une poêle.
6. Y faire revenir 3 min à feu vif, les tomates, l'ail, les cives et l'oignon France ; réserver.
7. Dans une marmite, faire chauffer 2 c. à s. d'huile ; mettre à rissoler 3 min à feu vif les morceaux de crabes sur toutes les faces.
8. Incorporer à la marmite le contenu de la poêle et le piment piqué à la fourchette.
9. Mouiller du jus d'un citron vert et d'un grand verre d'eau, saler, poivrer.
10. Laisser cuire 20 min à feu doux à couvert.
11. Hacher le persil et l'incorporer 2 min avant la fin de cuisson.

NOTRE CONSEIL

L'utilisation de crabe surgelé de Madagascar convient parfaitement à cette recette.

Fricassée de crabes

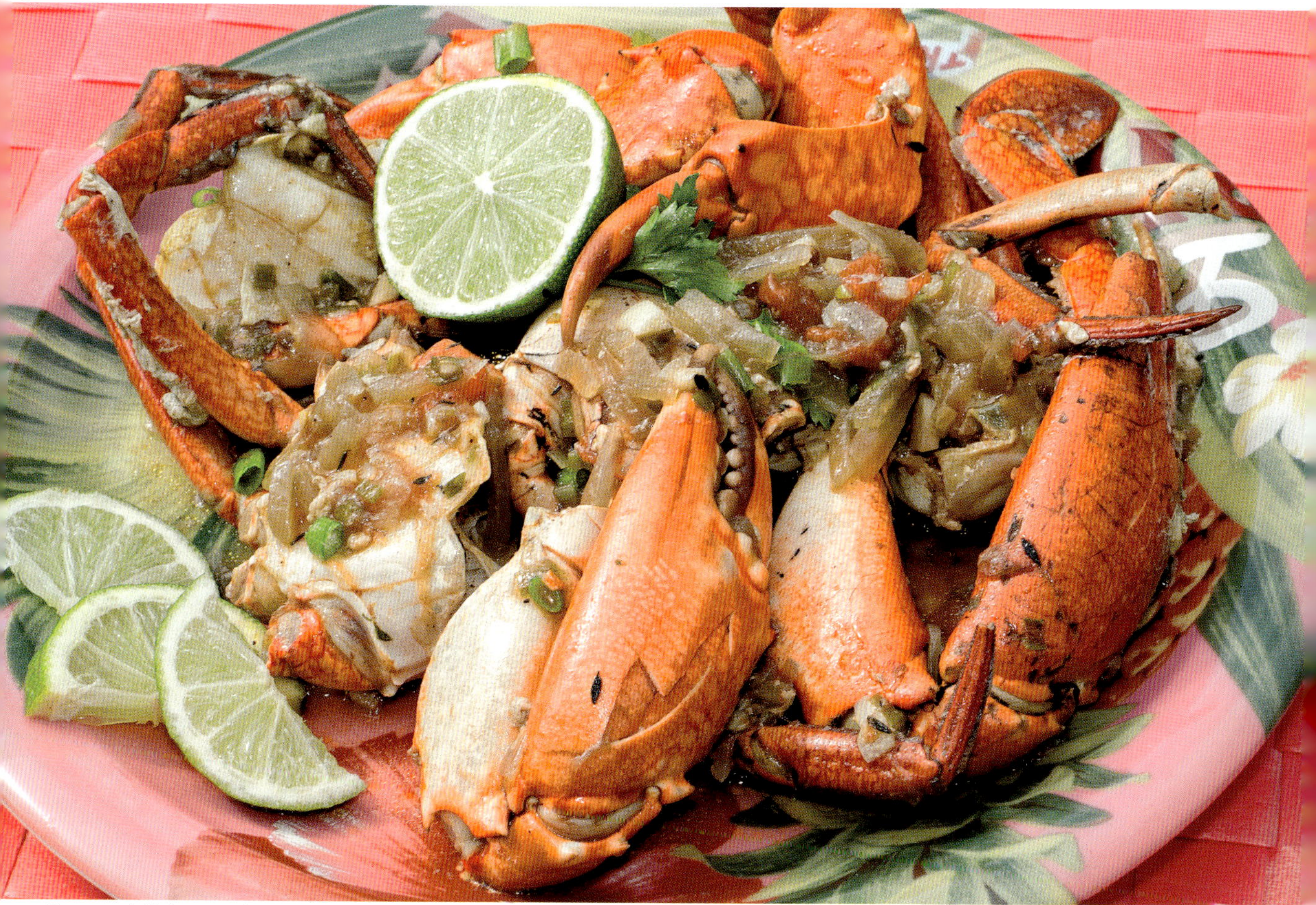

Recette réalisée avec du crabe surgelé de Madagascar

Dans les hauts de Basse-Terre

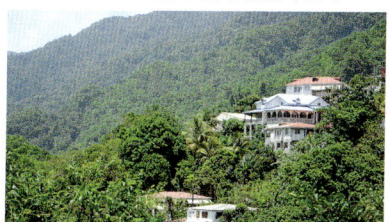

Monument à Basse-Terre

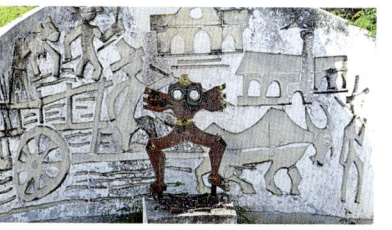

Place à Basse-Terre

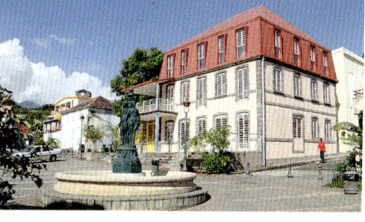

FRICASSÉE
DE CHATROU

PRÉPARATION	CUISSON	COÛT MOYEN / PERSONNE
30 min	1 h	2,90 €

Pour 4 personnes

VOS INGRÉDIENTS

- *1 kg de chatrou (pieuvre)*
- *5 oignons pays*
- *1 citron vert*
- *2 gousses d'ail*
- *2 tomates*
- *1 bouquet garni*
- *3 c. à s. d'huile*
- *2 feuilles de bois d'Inde*
- *1 piment végétarien*
- *sel, poivre*

1. Nettoyer au citron le chatrou préalablement battu. Enlever le bec et l'intérieur de la poche ainsi que la peau en le frottant dans un torchon propre. Le débiter en morceaux.

2. Le faire bouillir 20 min.

3. Jeter l'eau de cuisson, remplir la marmite d'eau, incorporer le bouquet garni ; renouveler la cuisson 20 min.

4. Égoutter en réservant un petit verre d'eau de cuisson. Le chatrou doit être tendre. Hacher les oignons, concasser les tomates, écraser l'ail.

5. Faire chauffer l'huile dans une marmite, y incorporer les oignons pays, l'ail, les tomates, les feuilles de bois d'Inde, le jus du citron ; saler, poivrer et faire fondre à feu doux 4 à 5 min.

6. Ajouter le chatrou, le piment et un verre d'eau de cuisson.

7. Couvrir et laisser mijoter de 15 à 20 min à feu doux.

NOTRE CONSEIL

Cette recette se réalise très bien également avec du chatrou surgelé.

Fricassée de chatrou

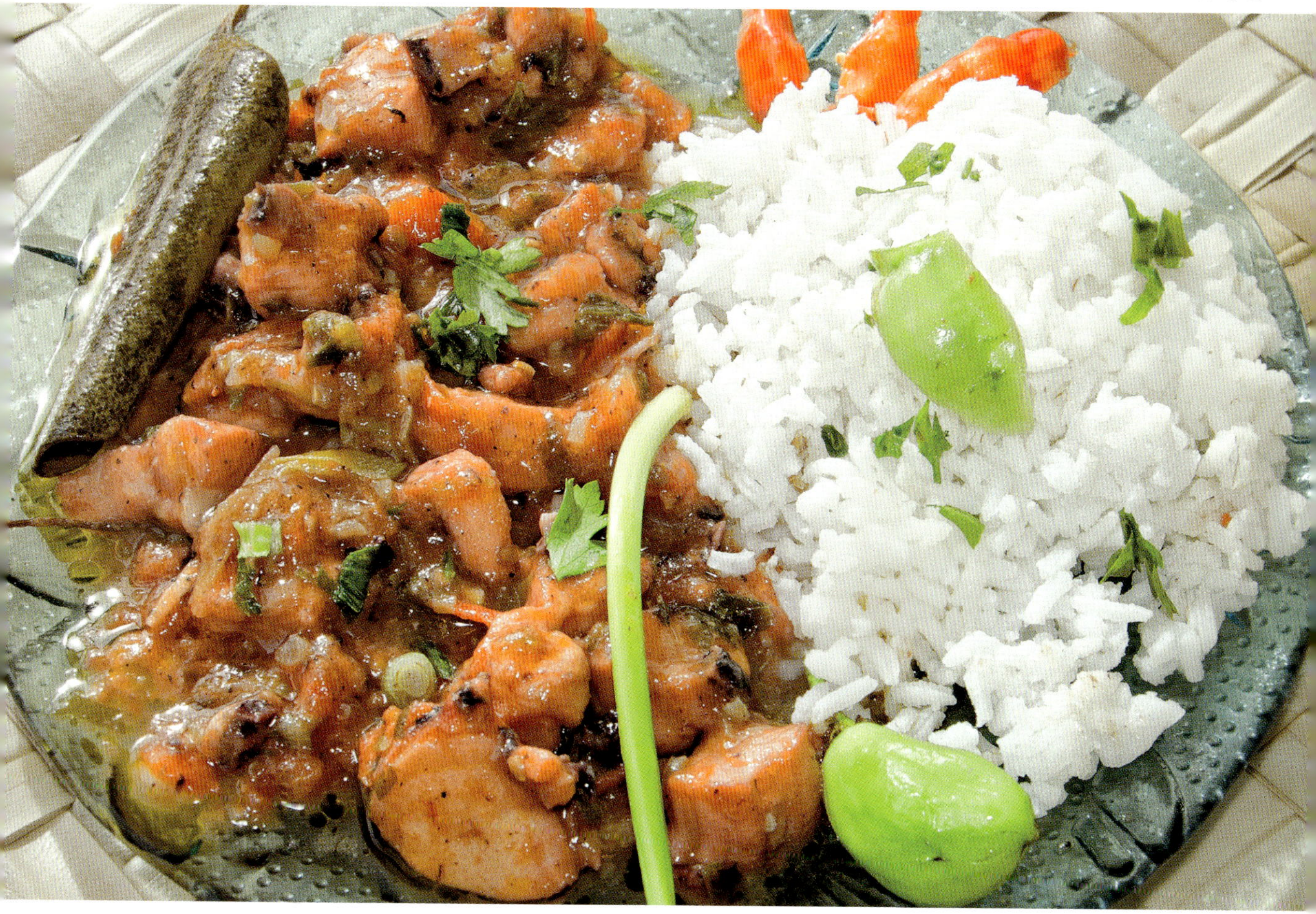

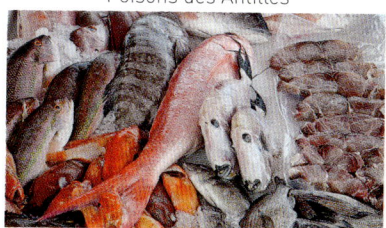

Poisons des Antilles

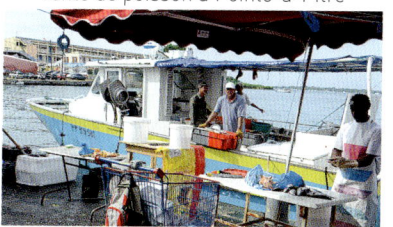

Vente de poisson à Pointe-à-Pitre

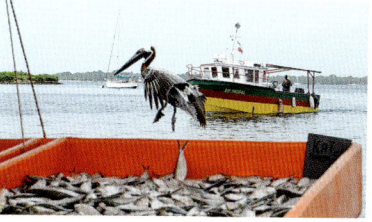

Retour de pêche

FRICASSÉE DE LAMBIS

MARINADE	PRÉPARATION	CUISSON	COÛT MOYEN / PORTION
2 h	25 min	1 h 10	4,90 €

Pour 6 personnes

VOS INGRÉDIENTS

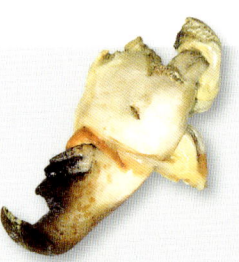

- *1 kg de lambis*
- *4 citrons verts*
- *3 tomates*
- *1 oignon France*
- *2 cives*

- *5 brins de persil*
- *1 branche de thym*
- *4 gousses d'ail*
- *3 c. à s. d'huile*
- *sel, poivre*

1. Nettoyer les lambis en les frottant dans de l'eau citronnée (enlever les yeux, les intestins et la langue).
2. Les battre sur une planche à découper à l'aide d'un battoir et les découper en morceaux.
3. Les mettre à mariner 2 h dans le jus de 2 citrons verts, un peu de sel, de poivre et 2 gousses d'ail écrasées.
4. Amener à ébullition une casserole d'eau ; y plonger les lambis ; laisser cuire 30 min à feu moyen.
5. Faire chauffer l'huile dans une poêle et y faire sauter les morceaux de lambis.
6. Concasser les tomates.
7. Hacher le persil et les cives.
8. Éplucher et émincer l'oignon France, écraser une gousse d'ail.
9. Les lambis sautés, incorporer à la poêle les tomates, le persil, les cives hachées, le thym et l'ail écrasé. Saler, poivrer.
10. Recouvrir d'eau la préparation.
11. Faire mijoter 30 min à feu doux.
12. Ajouter à la préparation, en final, hors du feu, le jus d'un citron et 1 gousse d'ail écrasée.

NOTRE CONSEIL

À défaut de lambis frais, utiliser des lambis surgelés.

Fricassée de lambis

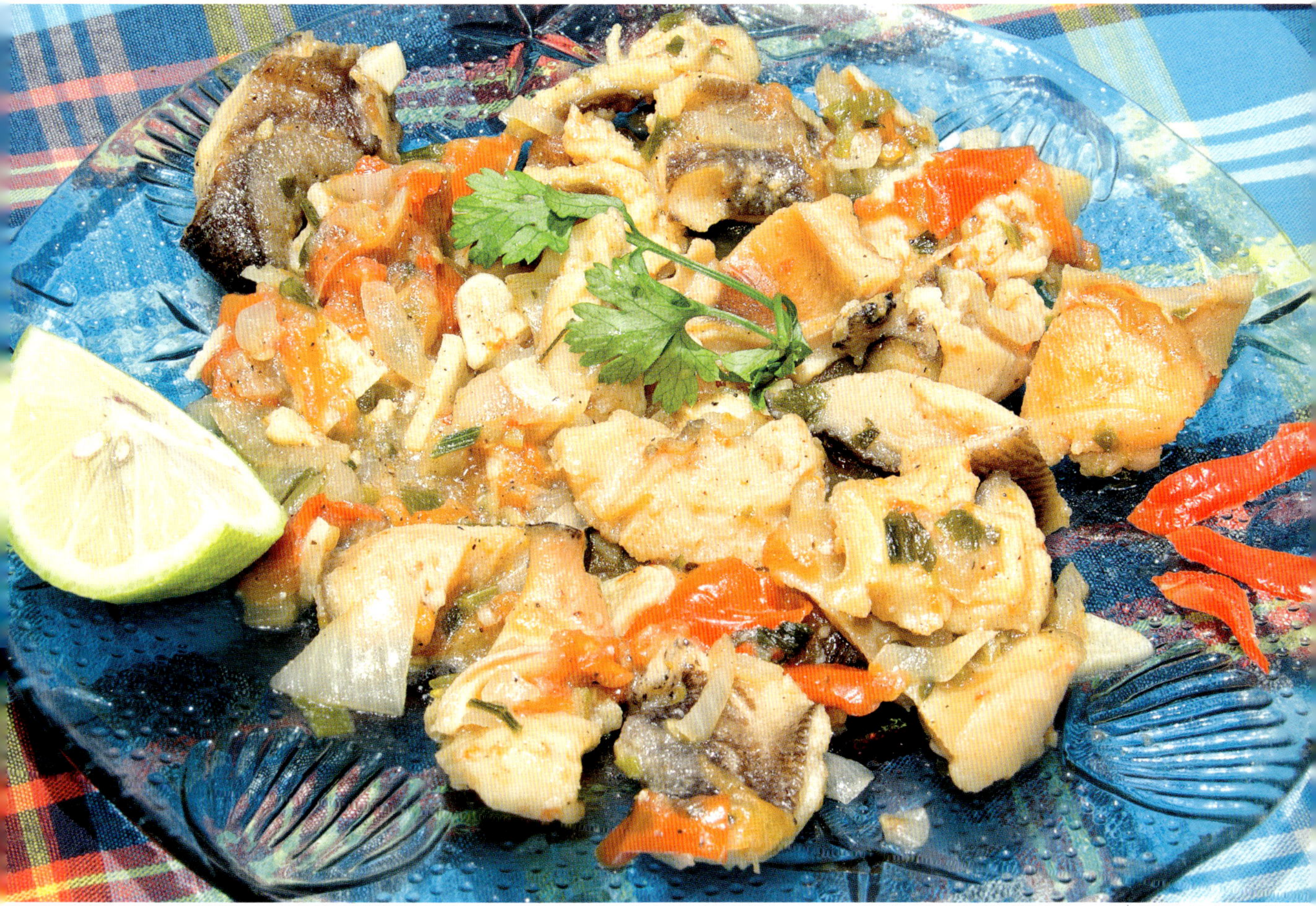

Prunes de cythères

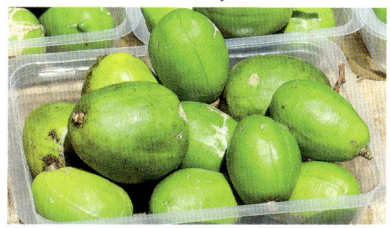

Magasins à Pointe-à Pitre

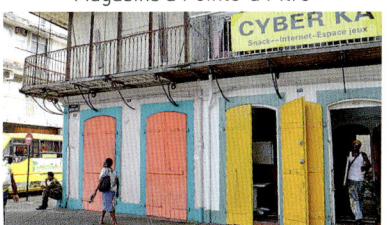

Fleurs de bougainvilliers

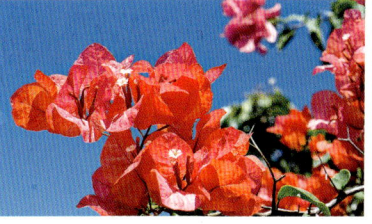

BLAFF
DE OUASSOUS

PRÉPARATION	CUISSON	COÛT MOYEN / PERSONNE
15 min	20 min	3,80 €

Pour 4 personnes

VOS INGRÉDIENTS

- *1 kg de ouassous (écrevisses)*
- *1 bouquet garni*
- *1 oignon France*
- *2 cives*
- *2 feuilles de bois d'Inde*
- *1 piment*
- *2 gousses d'ail*
- *1 citron vert*
- *1 clou de girofle*
- *sel, poivre*

1. Émincer l'oignon France et les cives, écraser l'ail.

2. Mettre à chauffer un litre d'eau dans une marmite.

3. Incorporer l'oignon, l'ail et les cives dans la marmite ainsi que le clou de girofle, la feuille de bois d'Inde, le bouquet garni et le piment.

4. Amener à ébullition et laisser cuire 15 min.

5. Ajouter les ouassous ; les faire cuire 3 min à ébullition.

6. Servir les ouassous avec leur eau additionnée du jus d'un citron vert.

7. Ces écrevisses pourront être servies accompagnées d'une sauce chien.

NOTRE CONSEIL

Les « ouassous » sont des écrevisses géantes devenues rares. Utiliser, à défaut, des écrevisses fraîches d'élevage ou des produits surgelés. * Avec les ouassous, cette portion dépasse le budget moyen.

Blaff de ouassous

Recette réalisée avec des écrevisses surgelées

Chai Bologne

Distillerie Bologne

Église du Moule

BLAFF
DE DAURADE

MARINADE	PRÉPARATION	CUISSON	COÛT MOYEN / PORTION
1 h	20 min	30 min	2,60 €

Pour 4 personnes

VOS INGRÉDIENTS

- 600 / 800 g de daurade
- 1 oignon France
- 3 oignons pays
- 5 citrons verts
- 2 gousses d'ail
- 6 graines de bois d'Inde
- 4 feuilles de bois d'Inde
- 1 piment frais
- 1 clou de girofle
- 1 bouquet garni
- sel, poivre

1. **Préparer la marinade** : presser le jus de 3 citrons, y ajouter les graines et feuilles de bois d'Inde, 1 gousse d'ail épluchée et écrasée, 1 piment. Saler, poivrer. Y laisser mariner le poisson 1 h.

2. Porter à ébullition 1 l d'eau dans lequel vous aurez incorporé l'oignon France épluché et émincé, 1 gousse d'ail écrasée, les oignons pays grossièrement hachés, le bouquet garni, 2 feuilles et 3 graines de bois d'Inde.

3. L'ébullition atteinte, laisser cuire 15 min ; plonger alors le poisson, ramener à ébullition et laisser cuire 10 min à feu doux. En fin de cuisson, ajouter au bouillon le jus de 2 citrons.

4. Le poisson se sert arrosé de son eau de cuisson. S'accompagne de bananes mûres ou de tranches d'avocats.

NOTRE CONSEIL

Cette recette convient aussi bien pour la réalisation d'un blaff de marlin, de thon ou d'espadon. Le temps de cuisson ne varie pas.

Blaff de daurade

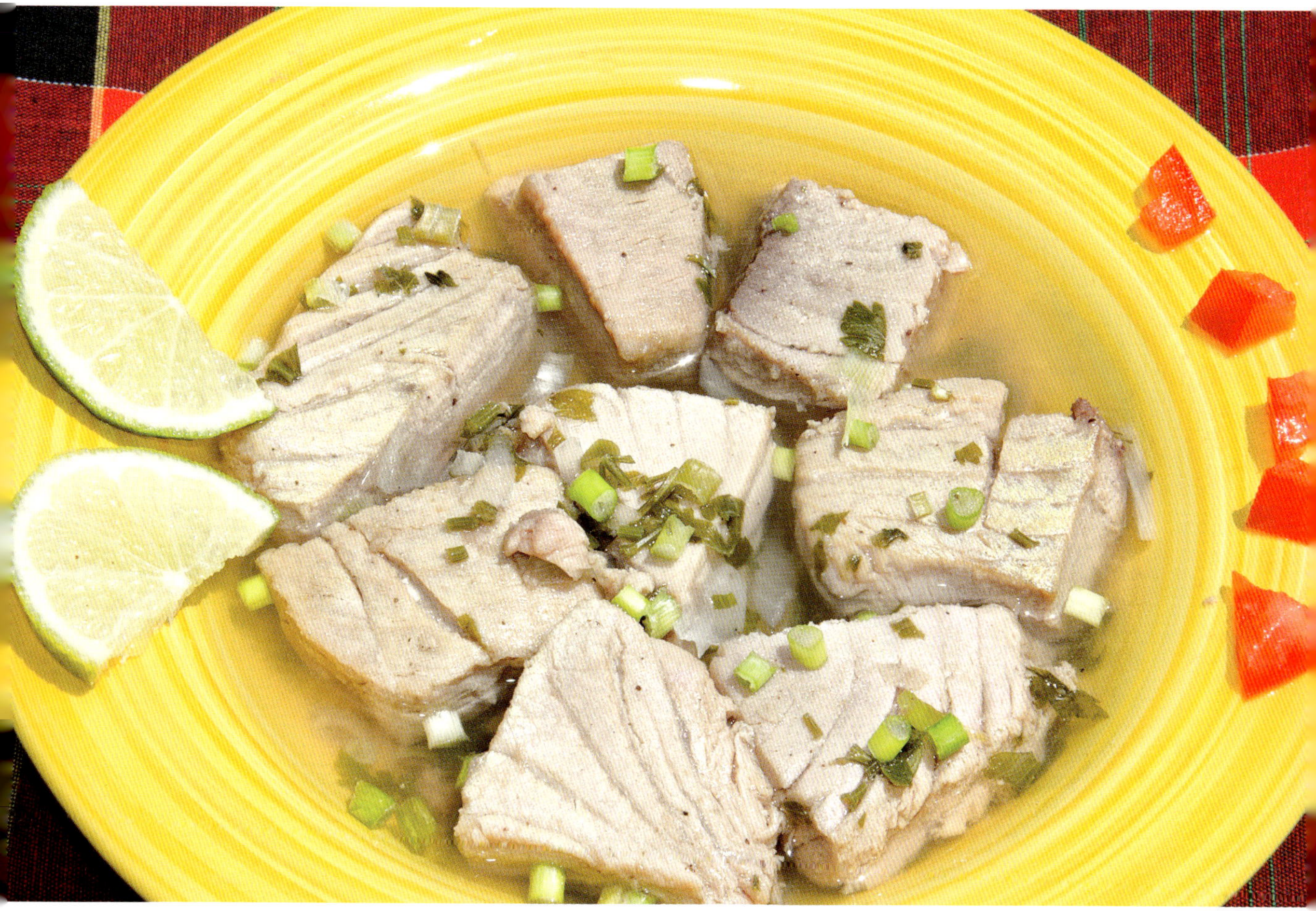

Habitation Zévallos

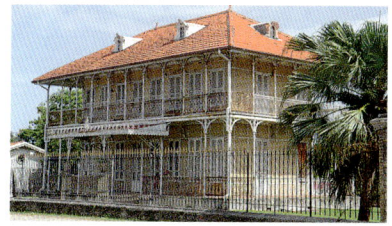

Mussaenda

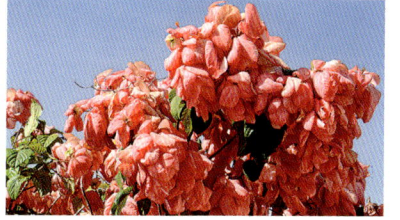

Pointe des Châteaux

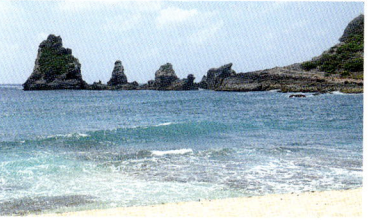

DAUBE
DE THON

MARINADE	PRÉPARATION	CUISSON	COÛT MOYEN / PORTION
1 h	15 min	20 min	2,70 €

Pour 4 personnes

VOS INGRÉDIENTS

- 800 g de thon
- 1 oignon France
- 3 oignons pays
- 2 citrons verts
- 2 tomates
- 2 gousses d'ail

- 1 pincée de poudre de bois d'Inde
- 2 feuilles de bois d'Inde
- 1 piment frais
- 1 branche de thym

- 2 branches de persil
- 1 feuille de laurier
- 15 cl d'huile
- 100 g de farine
- sel, poivre

1. Laisser mariner le poisson 1 h dans le jus de 2 citrons. additionné de deux feuilles de bois d'Inde, d'un piment frais, de sel et de poivre.

2. Égoutter ensuite le poisson, le couper en gros morceaux, puis le fariner.

3. Faire chauffer l'huile dans une poêle ; y faire dorer le poisson sur toutes les faces. Réserver.

4. Éplucher et émincer l'oignon France, peler et épépiner les tomates les concasser ; hacher le persil et les oignons pays, écraser les gousses d'ail.

5. Mettre à chauffer 2 c. à s. d'huile dans une poêle ; y faire revenir 3 min les oignons, le thym, le laurier, le persil, l'ail, une pincée de bois d'Inde et les morceaux de tomates.

6. Déposer les tranches de poisson dans la préparation, ajouter un verre d'eau.

7. Couvrir et laisser mijoter de 10 à 15 min suivant l'épaisseur du poisson.

Daube de thon

Papayes

Bougainvillier

Flamboyant jaune

COLOMBO
DE MARLIN

MARINADE	PRÉPARATION	CUISSON	COÛT MOYEN / PORTION
2 h	25 min	25 min	2,90 €

Pour 4 personnes

VOS INGRÉDIENTS

- 800 g de marlin
- 3 c. à s. de poudre de colombo ou 100 gr de pâte de colombo
- 2 oignons France
- 4 oignons pays
- 3 citrons verts
- 2 gousses d'ail
- 1 pincée de poudre de bois d'Inde
- 3 graines de bois d'Inde
- 1 piment frais
- 1 branche de thym
- 2 clous de girofle
- 2 c. à s. d'huile
- sel, poivre

1. Faire mariner le poisson 2 h dans le jus de 3 citrons verts allongé d'un peu d'eau, additionné de 2 gousses d'ail pilées, d'1 piment frais et de 3 graines de bois d'Inde.

2. Hacher les oignons France et pays.

3. Les faire revenir dans une marmite ainsi qu'une pincée de poudre de bois d'Inde, le thym, la poudre ou la pâte de colombo.

4. Ajouter le jus de la marinade et un petit verre d'eau à la marmite.

5. Laisser cuire 3 min à feu vif ; poser alors le poisson sur la préparation.

6. Couvrir la marmite, laisser mijoter 15 min à feu doux.

Vous pouvez, après avoir fait revenir les épices et le colombo, incorporer 2 carottes, 2 pommes de terre, 1 christophine, le tout épluché et coupé en petits morceaux. Recouvrir alors à peine d'eau, laisser cuire 5 min, ajouter le poisson et poursuivre la cuisson 15 min. La recette est identique pour le colombo d'espadon, de daurade ou de thon.

Colombo de marlin

Cocktails antillais

Mouillage à Saint-François

Couronne de la Mariée

BLANC-MANGER AU COCO

PRÉPARATION	CUISSON	COÛT MOYEN / PERSONNE
15 min	10 min	1,25 €

Pour 4 personnes

VOS INGRÉDIENTS

- 250 g de coco râpé
- 200 g de sucre
- 4 jaunes d'œuf
- 1/2 l de lait
- 5 feuilles de gélatine
- 1 gousse de vanille (ou d'extrait de vanille)
- 1 bâton de cannelle
- 1 zeste de citron
- 1 pincée de sel

1. Disposer le sucre dans une casserole ; séparer le jaune des œufs, les ajouter au sucre, mélanger soigneusement jusqu'à obtention d'une matière homogène, mousseuse et blanchâtre.

2. Incorporer dans une autre casserole, le lait, le coco râpé, la vanille, le zeste de citron, la cannelle et la pincée de sel ; amener et maintenir 1 min à légère ébullition ; transvaser dans la mixture sucre/œuf en mélangeant bien.

3. Faire tremper les feuilles de gélatine 2 min dans un peu d'eau.

4. Mettre la casserole à feu très doux, incorporer les feuilles de gélatine ; remuer jusqu'à leur complète dilution ; forcer un peu le feu, le couper aux premiers frémissements.

5. Verser la préparation dans un moule ou des petits ramequins.

6. Laisser refroidir au réfrigérateur.

NOTRE CONSEIL

Servir très frais, décoré de morceaux de fruits.

Blanc-manger au coco

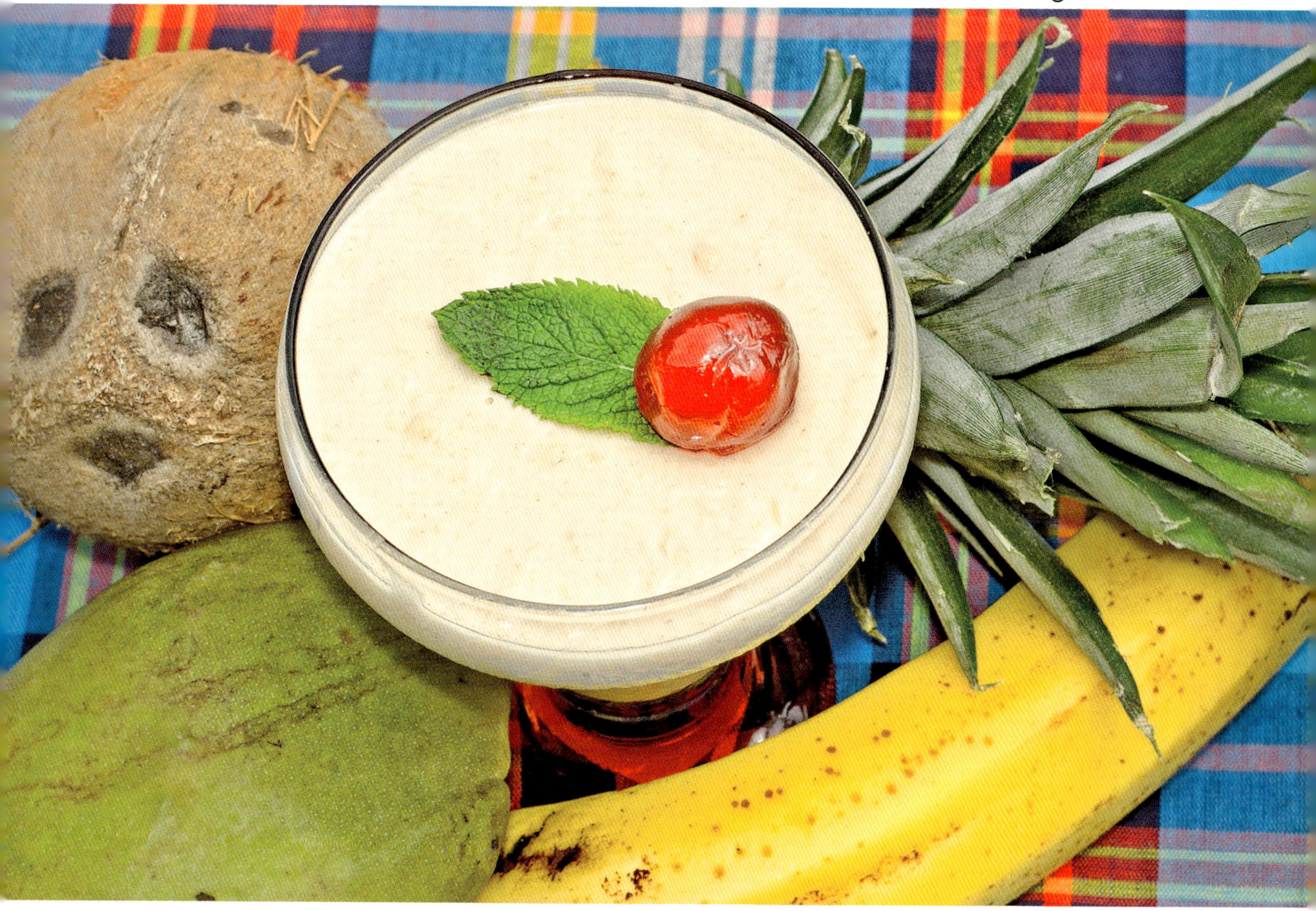

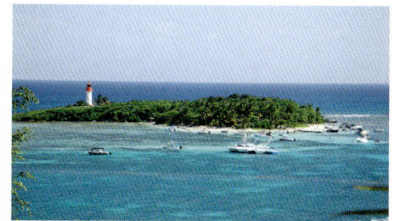

Îlet Gosier

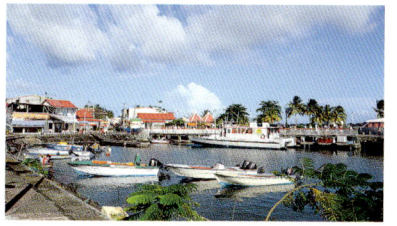

Trois-Rivières

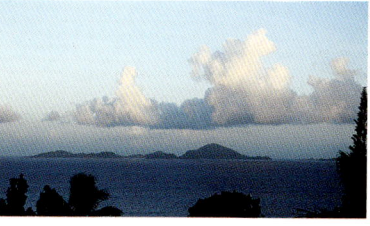

Coucher de soleil sur les Saintes

BEIGNETS
BANANE

PRÉPARATION	CUISSON	COÛT MOYEN / PERSONNE
20 min	10 min	0,55 €

Pour 4 personnes

VOS INGRÉDIENTS

- 3 bananes mûres
- 150 g de farine
- 150 g de sucre
- 1 œuf
- 1 verre de lait
- 1 c. à s. de vieux rhum
- 1 c. à s. d'huile
- 1 pincée de poudre de cannelle
- 1 pincée de sel
- huile de friture

1. **Préparer la pâte à beignets** : disposer la farine dans un saladier ; y creuser un puits au milieu de celle-ci ; incorporer l'œuf entier, l'huile, la pincée de sel, la poudre de cannelle, le rhum, 100 g de sucre (réserver 50 g pour saupoudrer les beignets). Verser le lait au fur et à mesure en remuant à l'aide d'une cuillère.

2. Éplucher les bananes, les écraser soigneusement à la fourchette. Ajouter les à la pâte, mélanger. Laisser reposer la préparation recouverte d'un torchon propre durant 1 h en fouettant fermement la pâte 2 ou 3 fois durant ce temps.

3. Faire chauffer l'huile de friture (qui ne doit pas fumer).

4. Y plonger l'équivalent d'une cuillère à soupe de pâte. Laisser dorer les beignets sur les deux faces.

5. Les disposer sur un plat recouvert de papier absorbant. Saupoudrer lors du service, de sucre glace ou de sucre semoule blanc.

NOTRE CONSEIL

Afin de rendre vos beignets plus légers, ajouter à la pâte, juste avant la friture, un blanc d'œuf battu en neige.

Beignets banane

Fruits tropicaux

Fleurs de frangipanier

Fleurs de canne

85

BANANES
FLAMBÉES AU RHUM

PRÉPARATION	CUISSON	COÛT MOYEN / PERSONNE
10 mn	15 mn	0,50 €

Pour 4 personnes

VOS INGRÉDIENTS

- *4 petites bananes ou 2 grosses bananes coupées en deux dans le sens de la longueur*
- *3 c. à s. de sucre (75 g)*
- *1 orange (ou 10 cl de jus d'orange)*

- *1 c. à s. d'huile*
- *40 g de beurre*
- *2 c. à s. de rhum*
- *1/2 gousse de vanille*

1. Presser l'orange.

2. Faire chauffer l'huile dans une poêle et y faire fondre le beurre.

3. Incorporer le sucre, mélanger et le laisser fondre à feu moyen 2/3 min.

4. Ajouter le jus d'orange et laisser caraméliser de 2 à 3 min à petit feu.

5. Incorporer les bananes et la demi-gousse de vanille fendue en deux.

6. Laisser cuire à tout petit feu jusqu'à réduction presque complète du jus et en retournant les bananes à mi-cuisson (2/3 min sur chaque face).

7. Faire flamber en incorporant 2 c. à s. de rhum dans la poêle.

NOTRE CONSEIL

On peut remplacer le sucre par 2 c. à s. de miel.
Vous pouvez également remplacer le jus d'orange par un mélange, de moitié de jus citron ou de pamplemousse et moitié d'eau.

Bananes flambées au rhum

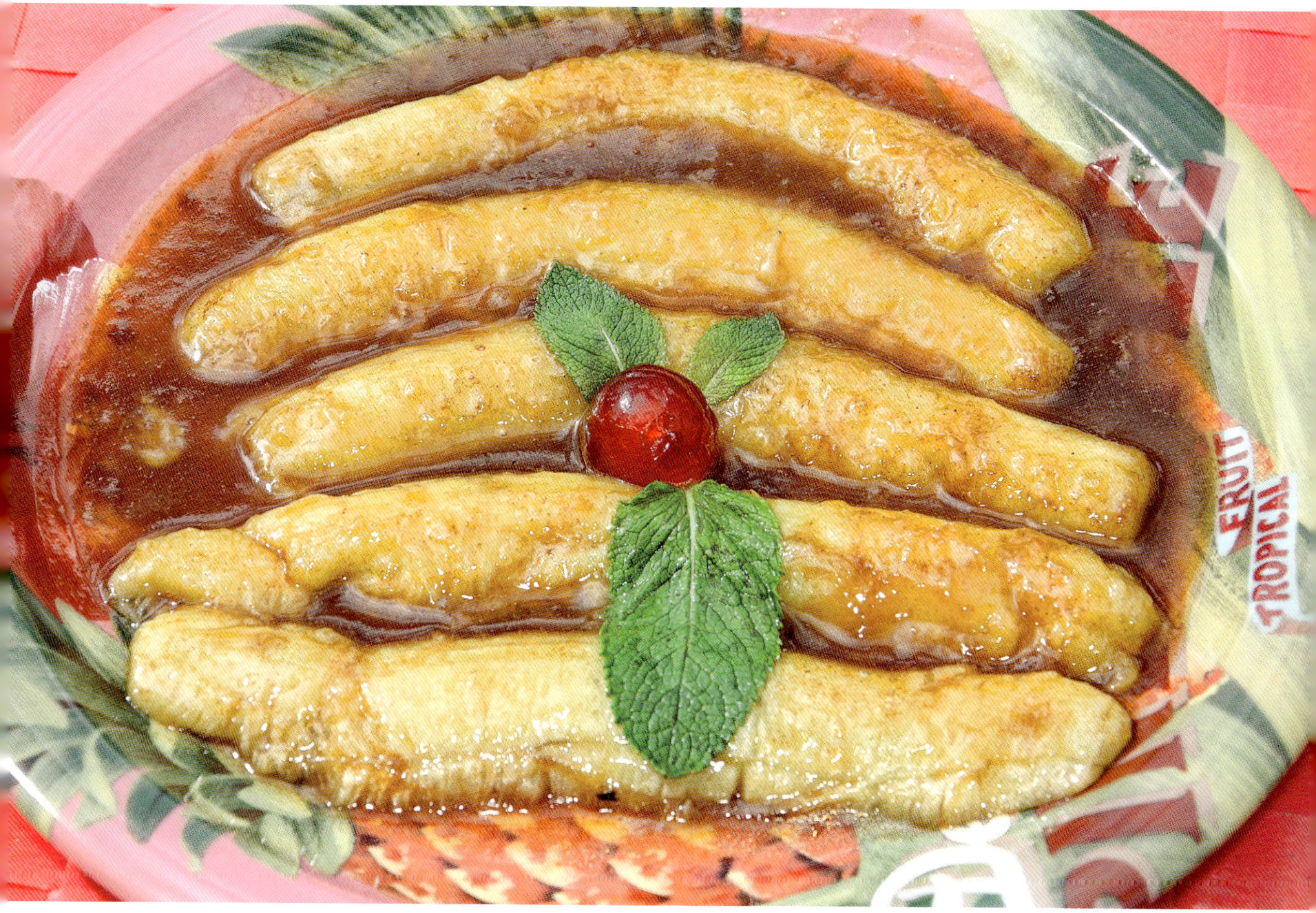

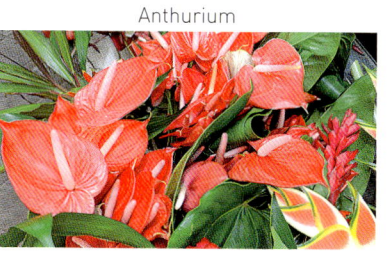

Marché à Pointe-à-Pitre

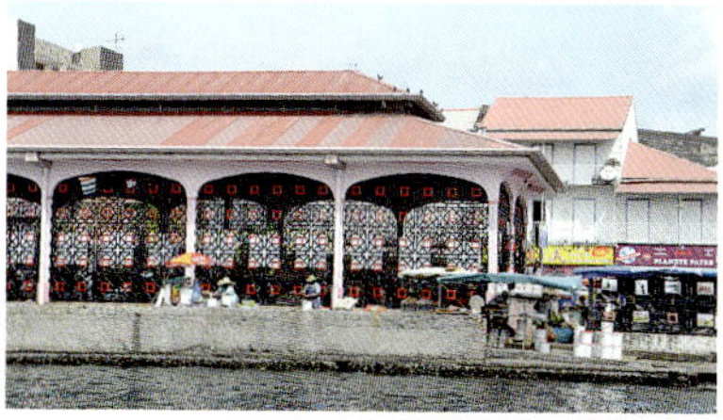

Anthurium

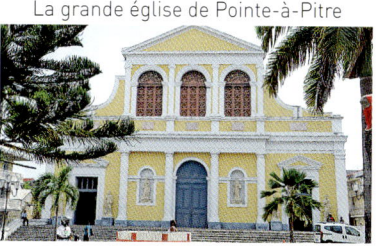

La grande église de Pointe-à-Pitre

TARTE À L'ANANAS

PRÉPARATION	CUISSON	COÛT MOYEN / PERSONNE
30 min	30 min	0,80 €

Prévoir une heure de repos pour la pâte

Pour 8 personnes

VOS INGRÉDIENTS

pour la pâte
- 250 g de farine
- 125 g de beurre
- 1/2 verre d'eau glacée
- 1 c. à c. de sel

pour la crème pâtissière
- 50 g de sucre en poudre
- 1 œuf
- 20 cl de lait
- 2 c. à s. de vieux rhum
- 1 c. à c. de farine

pour la garniture
- 1 gros ananas
- ou 2 boîtes d'ananas en tranches
- 2 c. à s. de sucre
- 1 grosse c. à s. de beurre
- 1 c. à s. d'huile

1. **Préparer la pâte brisée** en disposant la farine dans un récipient.

2. Creuser un puits au centre, y disposer, le beurre fondu, l'eau glacée et le sel.

3. Pétrir jusqu'à obtention d'une pâte homogène ; la laisser reposer 1 h.

4. Étaler la pâte en une fine couche.

5. En garnir le moule à tarte préalablement beurré.

6. Piquer la pâte à la fourchette, enfourner, faire cuire 30 min dans un four préalablement chauffé à 180 ° (th. 6). Réserver la pâte.

7. **Préparer la crème pâtissière** en travaillant vigoureusement au fouet le sucre et un jaune d'œuf mélangés ; la crème obtenue doit être blanchâtre.

8. Amener à ébullition le lait, l'incorporer à la préparation ainsi que la c. à s. de farine, deux c. à s. de vieux rhum et la c. à c. d'extrait de vanille. Mélanger.

9. Faire cuire cette préparation à feu doux en remuant constamment à l'aide d'une cuillère en bois jusqu'à obtention d'une crème épaisse ; réserver la crème.

10. **Faire caraméliser les tranches d'ananas** en faisant chauffer dans une poêle une bonne cuillère de beurre et 1 c. à s. d'huile. Incorporer 2 grosses c. à s. ; de sucre en poudre et les tranches d'ananas ; les laisser dorer légèrement sur les deux faces à feu moyen.

11. Garnir le fond de tarte cuit de la crème pâtissière ; recouvrir des tranches d'ananas.

Vous pouvez recouvrir légèrement le dessus de votre tarte d'un caramel que vous aurez préparé en faisant fondre du sucre dans un peu d'eau, à feu doux, jusqu'à obtention d'une belle coloration.

Tarte à l'ananas

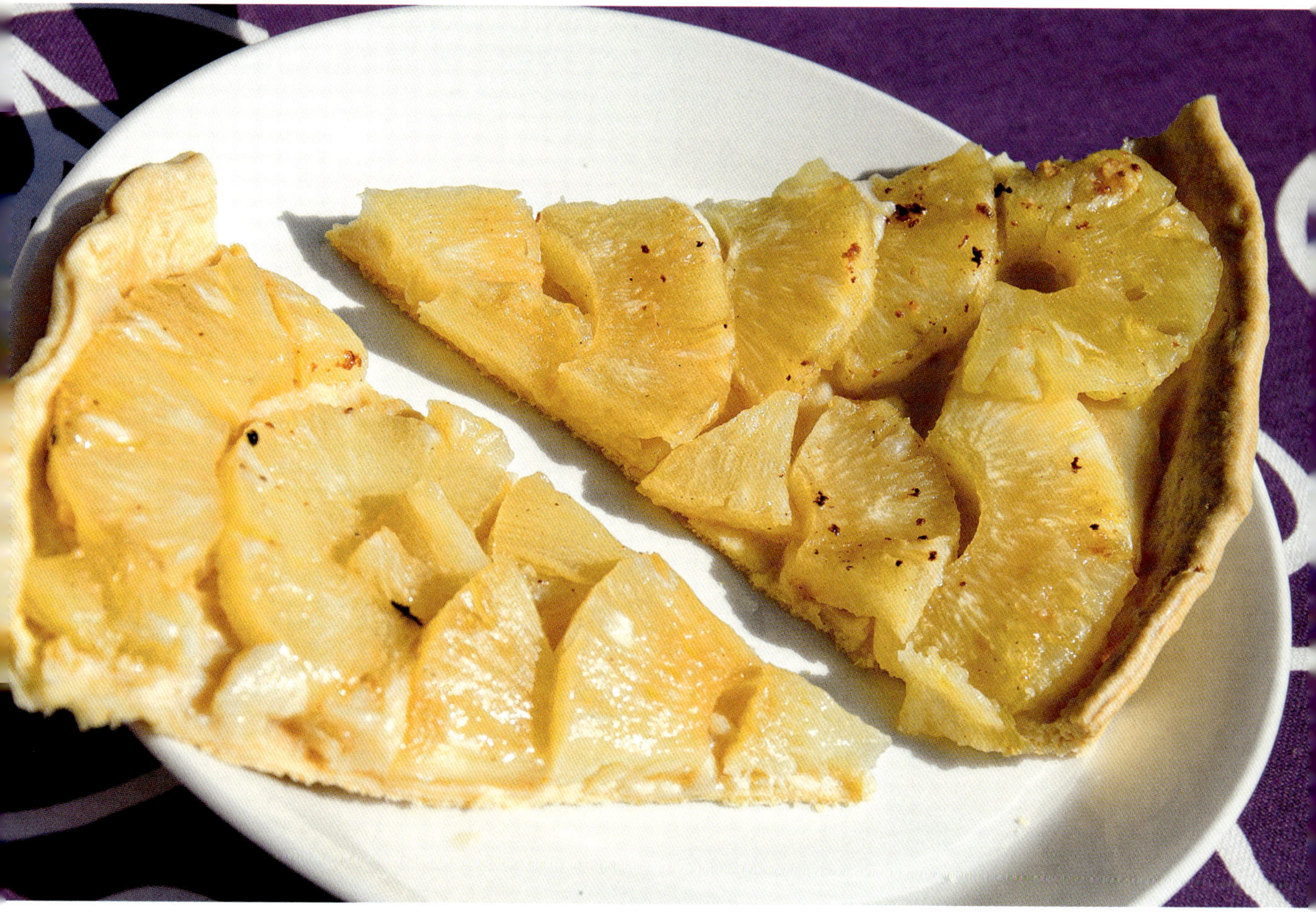

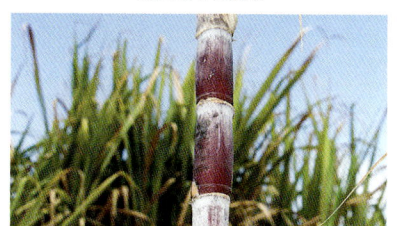

Canne à sucre

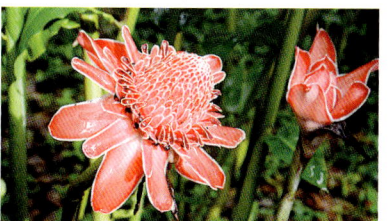

Rose de porcelaine

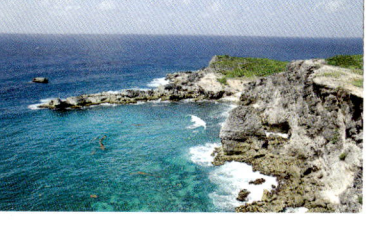

Vers la Pointe des Châteaux

TARTE AU CITRON

PRÉPARATION	CUISSON	COÛT MOYEN / PERSONNE
15 min	30 min	0,55 €

Prévoir une heure de repos pour la pâte

Pour 8 personnes

VOS INGRÉDIENTS

pour la pâte
- 250 g de farine
- 125 g de beurre
- 1/2 verre d'eau glacé
- 1 c. à c. de sel

pour la garniture
- 250 g de sucre en poudre
- 150 g de beurre
- 1 gros citron jaune
- 2 citrons verts

1. **Préparer la pâte brisée** en disposant la farine dans un récipient.
2. Creuser un puits au centre, y disposer le beurre fondu, l'eau glacée et le sel.
3. Pétrir jusqu'à obtention d'une pâte homogène. La laisser reposer 1 h.
4. **Préparer la garniture** en mixant vigoureusement au fouet ou au mixer le sucre et 2 œufs (les blancs et les jaunes) ; la crème obtenue doit être blanchâtre et onctueuse.
5. Râper soigneusement le zeste des citrons.
6. Presser les citrons pour en extraire le jus.
7. Faire fondre le beurre à feu doux dans une petite casserole.
8. Mélanger tous les ingrédients. Réserver.
9. **Étaler la pâte** en une fine couche.
10. En garnir le moule à tarte préalablement beurré ou recouvert d'un papier sulfurisé.
11. Piquer la pâte à l'aide d'une fourchette.
12. Garnir votre fond de tarte de cette préparation.
13. Enfourner dans un four chauffé à 180 ° (th. 6).
14. Laisser cuire 30 min.

NOTRE CONSEIL

Il est important de n'utiliser que des citrons non traités !
Vous gagnerez du temps en achetant des pâtes prêtes à l'emploi.

Tarte au citron

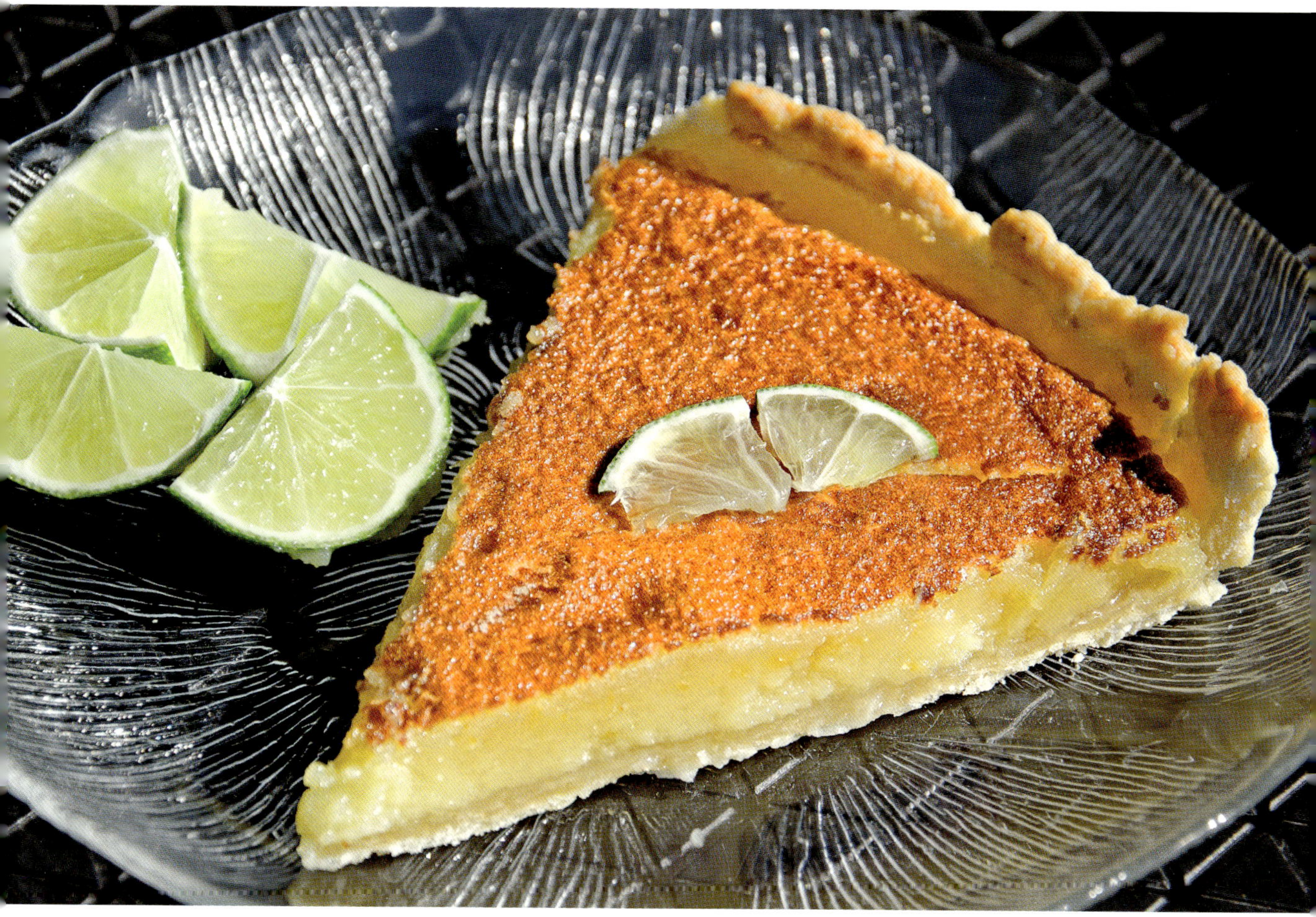

Champ d'ananas

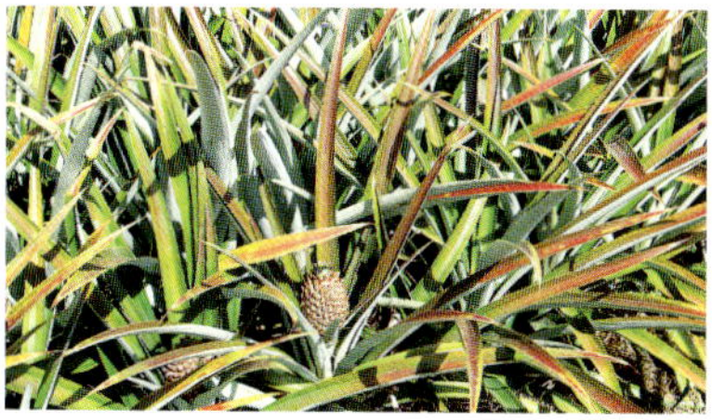

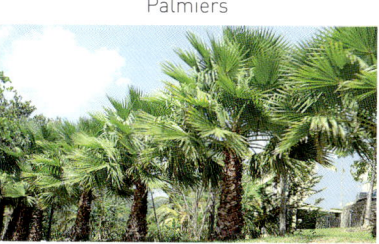

Palmiers

Fleur de Maracudja

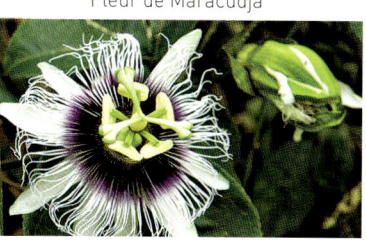

GÂTEAU
PATATE

PRÉPARATION	CUISSON	COÛT MOYEN / PERSONNE
20 min	30 min	0,80 €

Pour 8 personnes

VOS INGRÉDIENTS

- *600 g de patates douces*
- *150 g de beurre*
- *150 g de sucre en poudre*
- *2 œufs*
- *10 cl de rhum vieux*

- *1 citron vert*
- *2 gousses de vanille ou*
  2 c. à c. d'extrait de vanille
- *1 pincée de cannelle en poudre*
- *1 c. à c. de sel*

1. Éplucher les patates douces, les couper en morceaux.

2. Les faire cuire 20 min dans l'eau salée d'une c. à c. de sel.

3. Laver le citron non traité, en râper le zeste ; réserver.

4. Mélanger au mixer les œufs et le sucre jusqu'à obtention d'un liquide blanchâtre et crémeux.

5. Faire fondre le beurre à feu doux dans une petite casserole.

6. La cuisson des patates terminée, les égoutter puis les écraser soigneusement à la fourchette ou mieux, au presse-purée.

7. Incorporer à la purée de patates, les œufs battus avec le sucre, le beurre fondu, le zeste de citron, le rhum, les gousses de vanille fendues (ou 2 c. à c. d'extrait de vanille) et la pincée de cannelle ; bien mélanger la préparation afin d'obtenir une pâte homogène.

8. Beurrer un moule à cake ; le remplir de la pâte.

9. Disposer le moule dans un four préalablement chauffé à 180 ° (th. 6).

10. Laisser cuire 45 min.

NOTRE CONSEIL

**Faire chauffer le four pendant la préparation
vous fera gagner du temps.**

Gâteau patate

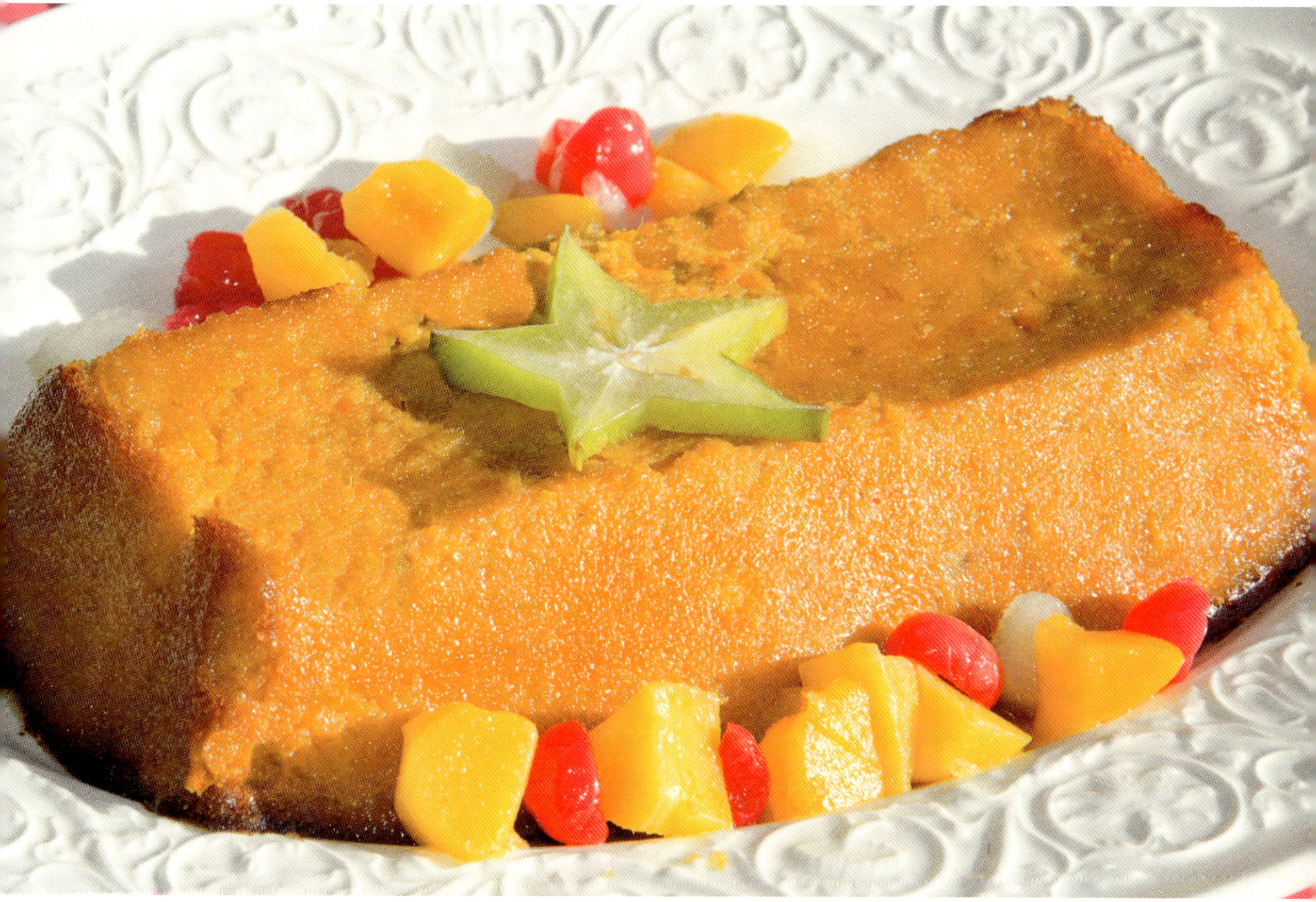

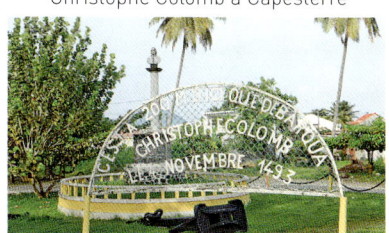

Lieu du débarquement de
Christophe Colomb à Capesterre

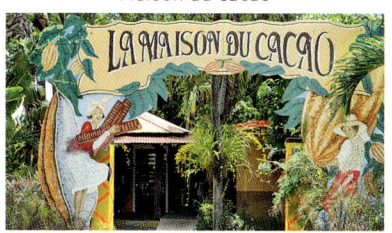

Maison du cacao

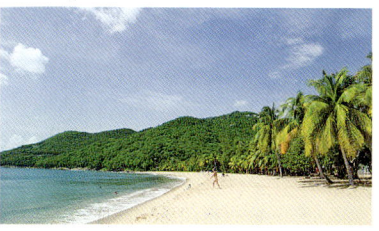

Plage de Grande Anse à Deshaies

SCHRUBB
et TI'PUNCH

SHRUBB

PRÉPARATION	COÛT MOYEN / PERSONNE
15 min	0,40 €

VOS INGRÉDIENTS

Pour le SHRUBB

- 6 oranges pays bien mûres
- (la peau doit être fine)
- 1 l de rhum blanc
- 400 g de sucre de canne en poudre

- 1 gousse de vanille
- 1 bâton de cannelle
- 6 grains de café

1. Éplucher les oranges (non traitées) préalablement lavées.
2. Retirer soigneusement la pulpe planche pour n'en garder que le zeste.
3. Les incorporer dans un bocal avec le rhum, la vanille fendue, la cannelle, les grains de café.
4. Exposer le bocal minimum 3 jours au soleil en le remuant épisodiquement.
5. Incorporer alors le sucre, remuer, c'est prêt !
   Se sert aussi bien en apéritif qu'en digestif.

TI'PUNCH

1. Verser 1 c. à c. de sucre de canne roux dans le verre.
2. Ajouter le zeste d'un citron vert (ou, selon les goûts, un quartier de citron ou bien un trait de citron).
3. Incorporer de 3 à 6 cl de rhum blanc agricole.
4. Mélanger à l'aide d'un bâton « lélé ».

Se sert avec ou sans glaçon, accompagné d'une carafe d'eau fraîche pour éteindre le feu !

94 Le rhum dit « traditionnel ou industriel » est distillé à partir de la mélasse (résidu issu de la cristallisation du sucre). Le rhum « agricole », nettement préférable dans vos punchs, est distillé directement à partir du jus de canne.